[美国] 加里·古廷 著　王育平 译

福柯

牛津通识读本·

Foucault

A Very Short Introduction

译林出版社

图书在版编目（CIP）数据
福柯／（美）古廷（Gutting, G.）著；王育平译.
—南京：译林出版社，2013.6（2021.3重印）
（牛津通识读本）
书名原文：Foucault: A Very Short Introduction
ISBN 978-7-5447-3269-7

I.①福… II.①古… ②王… III.①福柯，
M.（1926～1984）－哲学思想－研究 IV.①B565.59

中国版本图书馆 CIP 数据核字（2012）第 219836 号

著作权合同登记号　图字：10-2014-197 号

福柯 ［美国］加里·古廷 ／ 著　王育平 ／ 译

责任编辑　何本国　陈　锐
责任印制　董　虎

原文出版　Oxford University Press, 2005
出版发行　译林出版社
地　　址　南京市湖南路 1 号 A 楼
邮　　箱　yilin@yilin.com
网　　址　www.yilin.com
市场热线　025-86633278
排　　版　南京展望文化发展有限公司
印　　刷　南通印刷总厂有限公司
开　　本　635 毫米 × 889 毫米　1/16
印　　张　16.75
插　　页　4
版　　次　2013 年 6 月第 1 版
印　　次　2021 年 3 月第 10 次印刷
书　　号　ISBN 978-7-5447-3269-7
定　　价　39.00 元

序言

刘北成

谁是福柯?

这里说的是20世纪法国哲学家,全名:米歇尔·福柯,发表了一系列有影响的作品,1984年死于艾滋病,享年不到五十八岁。

本书作者加里·古廷告诉我们,关于福柯,除了一些简单的生平事实外,可以讲出不同版本的故事。为什么会没有一个统一的真理版本?这是福柯自己掩饰的结果吗?又是,又不全然如此。不仅仅关于福柯可以讲出不同的故事,而且关于其他人和事也可以讲出不同的故事。只是现在人们已经正视一个故事的众多不同版本,而不是简单地把不同版本拼成一个版本,或者从中筛选出一个版本当做真故事。造成这种结果,正是福柯所乐见的,也是福柯参与促成的。

福柯的多数著作都是在讲故事,但每一次都在讲另外一个与众不同的版本。他讲疯癫,不是把疯癫当做认识对象、当做一种疾病,而是把疯癫当做一种随时间而变的异己意识,考察其在现代化中的遭遇。他讲刑罚,不是把酷刑到监狱简单地视为是一种文明进步,而是讲监狱体现了现代社会阴暗的一面:现代社会的基石乃是监视和操练人的肉体的"反法律"的规训(纪律)。他讲性史,质疑流行的近代“性压抑”假说,揭示近代以来性话题的“话语爆炸”以及制造和监管各种性态的体制的形成……

这样的故事是对现代进步历史观的挑战。那么,这样的叙事有什么正当的知识论基础吗?福柯质疑了传统“求真意志”主导的知识论哲学,提出了命名为“知识考古学”、“谱系学”的话语分析方法和权力—知识理论。

福柯的著作是在颠覆“常识”,耸动听闻。那么,这是一种什么学术策略?对此,有各种不同的解释。有人说,福柯是后现代主义的一个主将。后现代主义是对启蒙宏大叙事的挑战,体现了西方现代社会边缘群体的不满和诉求,促成了新的知识转型和社会进步。也有人说,福柯是20世纪60、70年代西方极左思潮的一个代表,其激进的相对主义和怀疑主义需要大加挞伐。

按照福柯的观点,现代人文社会科学都成了“有争议的知识”;那么,请君入瓮,福柯本人及其著作当然也是一个开放的话题。

有人说,福柯是萨特之后最重要的法国思想家。有意思的是,萨特去世前,其存在主义哲学的影响已日渐消退,而福柯去世后,其思想影响反而日益扩展。这样一个“反文化”的思想家如今甚至成为许多人文社会科学“通识读本”的一个选目。而这又有何种意谓呢?

福柯的著作已经被译成多种文字。他的主要著作已经有了中文译本。他的一些概念也已被广泛使用。但是,不论中外,对福柯著作的理解依然不是一件易事。于是就有了解说的需求。加里·古廷用这样小的篇幅做出了一个精彩的解说。无论读者是否熟悉福柯,大概都能从中受益。

本书附有英文原文。有能力的读者如果只读中文部分，那就太可惜了。许多人都有这样的经验，即有时直接阅读原文，反而能够帮助我们更好地理解。另外，福柯的一些术语如何翻译，也是有争议的。譬如 sexuality，目前国内有多种译名：性欲、性征、性经验、性状态、性态等。再如，知识考古学，有人主张译成“知识的考掘”。这些也涉及到对福柯思想的理解和中文的知识建构。

在福柯遗体告别仪式上，一位哲学家宣读了福柯的一段文字，其中说到：“如果对知识的热情仅仅导致某种程度的学识的增加，那么这种热情有什么价值呢？……今天的哲学如果不是思想的自我批判工作，那又是什么呢？如果它不是致力于认识如何以及在多大程度上能够用不同的方式来思维，而是证明已经知道的东西，那它又有什么意义呢？”

学习用不同的方式来思考，这是福柯给我们的一个启示，也是我们需要了解福柯的一个理由。

献给我永远深爱的阿纳斯塔西娅

目录

致谢 I

缩略语 II

1 生平和作品 1

2 文学 10

3 政治学 21

4 考古学 34

5 系谱学 45

6 戴面具的哲学家 57

7 疯癫 71

8 罪与罚 82

9 现代性经验 94

10 古代性经验 104

索引 114

英文原文 121

致谢

这本小书的初稿完成于 2003 年夏，当时我正在法兰克福大学主持关于福柯的研讨班。衷心感谢阿克塞尔·霍耐特的邀请和友善，感谢福柯研讨班全体学生的兴趣和问题，以及文苑餐厅（Literaturhaus Restaurant）的工作人员（特别是奥利弗和弗朗兹），感谢他们的热忱、美食和美酒。

我的妻子阿纳斯塔西娅·弗里尔·古廷一直是我作品的最早、最好的读者。同时还要感谢杰里·布伦斯和托德·梅的建设性评论。感谢牛津大学出版社的玛莎·菲利翁对本项目的建议和支持。

缩略语

本书中提到福柯作品时采用了下列缩略语[①]：

专著类

AK (DL) 《知识考古学》，艾伦·谢里登译（纽约：Vintage 出版社，1972）。包括“论语言”（缩写为 DL），即福柯在法兰西学院的就职演说《话语的秩序》的英译文。

BC 《临床医学的诞生》，艾伦·谢里登译（纽约：Vintage 出版社，1973）。

CS 《自我的关怀》（《性经验史》第三卷），罗伯特·赫尔利译（纽约：Vintage 出版社，1986）。

HF 《古典时代疯狂史》（巴黎：Gallimard 出版社，1972）。

HS 《性经验史》第一卷：《概述》，罗伯特·赫尔利译（纽约：Vintage 出版社，1978）。

DP 《规训与惩罚》，艾伦·谢里登译（纽约：Vintage 出版社，1977）。

MC 《疯癫与文明》，理查德·霍华德译（纽约：Vintage 出版社，1965），《古典时代疯狂史》的一个简译本。

---

①为方便阅读，译文中用中文书名代替原文的缩略语。——编注

OT　《事物的秩序》，艾伦·谢里登译（纽约：Vintage 出版社，1970）。《词与物》译本。

RR　《死亡与迷宫：雷蒙·鲁塞尔的世界》，查尔斯·鲁阿斯译（加登城，纽约州：Doubleday and Co. 出版社，1986）。《雷蒙·鲁塞尔》译本，包含查尔斯·鲁阿斯对福柯的一次访谈。

UP　《快感的运用》（《性经验史》第二卷），罗伯特·赫尔利译（纽约：Vintage 出版社，1985）。

文集、演讲稿、访谈录集

DE　丹尼尔·德费尔、弗朗索瓦·埃瓦尔德（编），《言论与写作集：1954—1988》四卷本（巴黎：Gallimard 出版社，1994）。含福柯所发表的专著之外的所有作品。

EW　《福柯主要作品集》，保罗·拉比诺主编，《言论与写作集》的三卷选译本。

EW I　《福柯主要作品集》（卷一），《伦理学：主体性和真理》，保罗·拉比诺编，罗伯特·赫尔利等译（纽约：New Press 出版社，1997）。

EW II　《福柯主要作品集》（卷二），《美学：方法和认识论》，詹姆斯·富比昂编，罗伯特·赫尔利等译（纽约：New Press 出版社，1998）。

EW III　《福柯主要作品集》（卷三），《权力》，詹姆斯·富比昂编，罗伯特·赫尔利等译（纽约：New Press 出版社，2000）。

P/K　柯林·戈登（编），《权力 / 知识：访谈录及其他作品选集，1972—1977》（纽约：Pantheon 出版社，1980）。

PPC　　劳伦斯·克里兹曼(编),《米歇尔·福柯:哲学、政治学和文化》,艾伦·谢里登译(伦敦:Routledge 出版社,1988)。

注:最后两本文集中收录了《米歇尔·福柯主要作品集》三卷本中没有见录的一些重要作品。

第一章

生平和作品

“不要问我是谁……”

关于福柯，我首先要提到的是这句话：“不要问我是谁，也不要希求我坚守自己、保持不变……让官僚和警察们去费心保存好我们的身份证件吧。”（《知识考古学》，第17页）

福柯如愿以偿，因为已知的事实足以支撑对福柯一生的各式各样的解读。其中一个版本将福柯的一生描绘成一个标准的、一帆风顺的学术成功故事：

> 福柯生于法国一个显赫的外省家庭，父亲是一名成功的医生。在享有盛誉的巴黎高等师范学院学习期间，福柯就崭露头角，显示出一颗学术之星的潜力。得益于他在学术和政治上的关系，福柯避免了那些有哲学抱负的学者在法国通常走的老路——在高中教学；相反，他得到索邦大学一位名教授的资助，在写论文期间有机会数次游历瑞典、波兰和德国，而他的论文一经出版就赢得了学界泰斗们的好评。接下来的八年里，福柯优游于数种教授职位之间。1966年，《词与物》出版，这本学术畅销书使福柯

最有希望继萨特之后成为法兰西“思想大师”。几年之后，福柯(继曾入选的柏格森和梅洛-庞蒂之后)成功获选进入法国思想界精英的汇聚所——法兰西学院，他也由此登上了法国学术界的顶峰，得以摆脱日常的授课任务而潜心思考、研究。此后，福柯开始周游世界(先后到过日本、巴西、美国加州等地)，四处讲学，高调参与各种政治活动，同时著书立说，以几本关于犯罪和性的名著成为几乎所有人文和社会科学研究领域的领军人物。到1984年福柯去世时，已有数十本关于他的书面世，在他死后，福柯更是声誉日盛。

然而，关于福柯的身世还有另外一个同样可信的版本：

作为一名有专制倾向的医生的儿子，福柯天赋异禀但有情感问题。他是一名备受折磨的同性恋者，在巴黎高师期间接受过精神病理治疗并可能试图自杀过。福柯憎恨法国社会，因此选择了一些国外的低级职位来逃避法国社会，但是在国外，福柯也未能找到自己想要的自由和解放。在光鲜耀眼的学术成功的外表之下，福柯终生都在追求极端的感官体验(他称之为“极限体验”)，为此他曾尝试过毒品和性虐待，不到六十岁就死于艾滋病，据说该病是福柯在旧金山的浴室中染上的。

我们同样可以把福柯的一生讲成一个充满政治抱负和社会运动激情的故事：

图1　福柯站得比同班同学高，1944年于普瓦捷

从一开始，福柯就酷爱独立，积极致力于追求自己和别人的自由。在他最复杂、最有学识的论著中充满了对压迫的憎恶；福柯甚至将自己最深奥难懂的学术著作视为提供给各种暴政反抗者们的“工具箱”。在这方面，福柯的目的达到了：在反精神病理治疗运动中，在狱政改革和同性恋解放运动中，福柯都被奉为英雄……

这些故事都不是假的，但它们共同的真实性使我们无法以任何确定的图画来描绘福柯的一生，而这正是福柯所希望的。帕特里夏·东克尔的小说名为《幻象福柯》，莫里斯·布朗肖所写的讣告题为“我想象中的福柯”，这些标题里都暗藏着智慧。至少就目前而言，我们对福柯的私生活知之甚少，对于他的生活和作品之间的联系最多也只能臆测。詹姆斯·米勒那本《福柯的生死爱欲》正表明了此种臆测有限的可能性以及明显的危险所在。

但是，既然我们可以从福柯的作品中解读福柯的生活，又为何执意要将福柯的生活融入他的作品呢？福柯的存在很大程度上就在于他的写作，想要了解福柯，这些作品远比那些侥幸逃出了记忆歪曲的琐闻轶事和福柯保持自己私人生活空间的努力更有参考价值。

解读福柯，最好的出发点是《雷蒙·鲁塞尔》——这是福柯此生唯一的一本文学研究专著，一部被他称为“非常私人”（《死亡与迷宫：雷蒙·鲁塞尔的世界》，访谈录，第185页）的作品。福柯选择鲁塞尔作为研究对象，这本身就具有启示性。直到20世纪50年代，也就是当福柯在一家左岸书店与鲁塞尔的作品不期而遇时，鲁塞尔（1877—1933）充其量只是一个不起眼的边缘作家，一个“实验派作家”。他的作品不遵循任何文学理论，也不从

图2　18岁时的雷蒙·鲁塞尔，1895年

属于任何文学流派或运动，而是源于他对自己作家身份的一种自大狂式的自命不凡。（事实上，当时知名的精神病理学家皮埃尔·雅内曾研究过鲁塞尔，将其诊断为罹患了一种"转化了性质的宗教狂热症"。）得益于祖上留下的财富，鲁塞尔能够全身心投入写作，然而，从1894年直至逝世，除了受到一些超现实主义作家的提携性质的评论以及小说家雷蒙·凯诺的真诚膜拜之外，鲁塞尔所创作的诗歌、戏剧和小说作品所引发的主要是嘲笑或冷遇。

这一点不足为奇，因为鲁塞尔的作品中充满了对事物和动作的琐细描写，即使以先锋派的标准去衡量也有点过于奇特。正如他在那篇题为"我的某些作品如何写就"的文章(遵照他的意思，该文章在他死后方得出版)中解释的那样，他经常是根据自己奇怪的形式结构法则来创作的。例如，他会要求自己在一个故事的开篇和结尾用两个短语，这两个短语只有一个字母不同但意思却天悬地隔。遵照此律，一个故事若以"Les letters du blanc sur les bandes du vieux billard"("旧的撞球桌垫上的白色字母")开头，就要以"les letters du blanc sur les bandes du vieux pillard"("白人关于那群老强盗的信")结尾。此外，他还运用很多其他的写作规则，这些规则都是基于同声或同形字词的双重含义。

鲁塞尔最吸引福柯的是其被边缘化的地位——没有获得文学成功，同时被归类为"精神有问题"者。对那些被主流标准排斥在外的人群，福柯总是显示出兴趣和同情。这起初大抵是源于法国知识分子对于资产阶级一贯的厌弃态度，但随后渐渐发展成为一种强烈的个人信念，抵制一切试图划定整个社会的规范性排除法则。这种信念逐步演化成福柯对社会活动的热衷(例如他关于监狱改革的作品)，同时促使他认为自己的作品是那些致力于社会和政治变革的人士可资利用的"工具箱"。

但同时，鲁塞尔作品中对人的主体性的拒斥也使福柯着迷。这种拒斥最明显的标志是鲁塞尔作品中空间客体性对于时间主体性的支配。鲁塞尔的典型做法是细致描写事物和动作而不叙述人物和他们的经历。并且，从另一个层面来说，这些作品也不表现作家自己的主体性。由于鲁塞尔严格遵循一些形式规则，与其说写下的文字是鲁塞尔思想和感情的流露，倒不如把它们看做语言本身非人格结构的产物。福柯对此类作品的青睐照应了他所提倡的“利用写作来摆脱自我面孔”(《知识考古学》,第17页),通过在作品中戴上一系列的面具来抛开任何既定的身份。正如他去世前不久所说的:“生活和工作中最大的乐趣在于成为别人,成为你起初不是的那个人。”(“真理,权力,自我”,第9页)

福柯明确地把语言中这一自我的丧失同对主体的绝对限制和废弃,即死亡联系在一起。他对鲁塞尔作品的分析始终围绕鲁塞尔鲜为人知又含糊可疑的死亡展开:鲁塞尔被发现死在他所居住的旅店房间的地板上,躺在一扇锁了的门前面(这扇门过去一直都是开着的),他可能想要打开这扇门来自救,也可能是他自己把门锁上以防止被救。在福柯看来,这一死亡情形照应了鲁塞尔在《我的某些作品如何写就》中所提供的打开他作品之门的“钥匙”:正如我们不知道他想用钥匙打开门让别人进来还是想锁上门防止别人进来,我们同样不能确定他所提供的“文学钥匙”是为了打开抑或锁闭文本的意义。他的死恰恰使我们永远无法获知这两个问题的答案。进一步说,阻止我们衡量鲁塞尔“文学钥匙”之价值的死亡对应了他作品中的语言,二者都系统地压制了作家和作品中人物的主观生活。

我们无法确知,福柯对死亡的关注——这一关注贯穿福柯全部的作品——是否正如米勒引导我们去猜测的那样,导致福柯有意将自己和他人置于艾滋病的危险之下;但有一点可以确定:福柯的作品沉迷于自我的丧失,这种丧失可以以死亡的形式出现,也可以反映在如鲁塞尔般遵循语言形式主义的写作中。

评论家们之所以通常把《雷蒙·鲁塞尔》排斥在福柯的经典

作品之外，无疑是因为它不同于福柯的其他作品，不是一部“史”学之作。对此，福柯似乎很满意：“我甚至愿意说（《雷蒙·鲁塞尔》）在我的系列作品中不占一席之地……没有人注意到这本书，我很高兴，因为它就像我的秘密韵事。”（《死亡与迷宫：雷蒙·鲁塞尔的世界》，访谈录，第185页）

尽管这本书无法跻身福柯那些富有学识又充满哲思的史学“正典”之列，它所涉及的主题却在福柯的其他著作中一再出现，最为明显的体现就是同样出版于1963年的《临床医学的诞生》。此书开宗明义：“本书关注的对象是空间、语言和死亡。”（《临床医学的诞生》，第ix页）当然，在这部研究19世纪现代临床医学之诞生的学术著作中，以上主题都在很大程度上被改写了。所谓“空间”意指瘟疫横行的城市、医院的慈善病区以及被肢解了的躯体上的伤痕；“语言”在这里主要是描述医学症状和病情发展的可能趋势的术语；“死亡”则是指真实的死亡，而不是被边缘化的主体性的一种象征。

正如发生在福柯的文学研究中的情形那样，对空间（作为时间的对立面）和语言（作为一个自治的系统）的关注代表了一种思维模式，这种思维模式把主体性从人们通常赋予它的中心地位移除，转而使它臣属于各种结构体系。同时，死亡在福柯的现代医疗史中仍然是人类存在的核心。它不仅是一种消亡，还是“一种生命本质意义上的可能性”（《临床医学的诞生》，第156页），正是这一可能性（通过病理解剖术对人体的肢解）为我们那些关于生命的科学知识提供了根本依据。福柯总结说：“死亡离开了古老的悲情天堂，成为人的抒情内核：人隐形的真实，人可见的私密。”（《临床医学的诞生》，第172页）

在很多方面，《临床医学的诞生》都是《雷蒙·鲁塞尔》一书美学思想的科学镜像，它以严谨的历史分析的模式展现了福柯在耐心解读鲁塞尔巴洛克式复杂化作品时的主导思想。但是，这两本书的一个明显区别是，以博学见长的《临床医学的诞生》中偶然会爆发出猛烈的批评之火，而《雷蒙·鲁塞尔》中缺乏这样的火花。例如，在《临床医学的诞生》一书的序言部分，福柯先概述了自己下面所作讨论的几个主要阶段，然后，在就历史上的医疗方法作出任何总结性评论之前，福柯突然开始抨击那种认为现代医学"集中体现了一种古老的、和人的同情心一样历史久远的医疗人道主义"的观点，谴责那种"无知的关于理解的现象学"是"它们概念沙漠中的沙尘和这种半生不熟的观念的混生物"。

福柯接着开始嘲讽"描绘医生/病人关系（le couple medicin-malade）的略带色情意味的词汇"，他认为，那些词汇"在努力将一种类似婚姻幻象的苍白力量传递给如此无思想者时耗尽了自己"（《临床医学的诞生》，第xiv页）。这种突发的批判虽属偶然，但在福柯的历史研究中很典型，并且，正如我们将要看到的，这样的批判预示了福柯的历史研究在政治方面的最终指向。相形之下，《雷蒙·鲁塞尔》所展现的福柯完全沉浸在审美愉悦之中，他是在书写关于一段"欢乐时光"的回忆录，那时"连续几个夏天鲁塞尔都是我的最爱"（《死亡与迷宫：雷蒙·鲁塞尔的世界》，访谈录，第185页）。我认为福柯的生活和思想中存在一种美学思考和政治激进主义之间的根本张力，上述对比恰恰为此张力提供了早期的鲜明佐证。

第二章
文学

我梦想成为布朗肖。

我们已经看到，福柯试图通过写作来逃避任何固定的身份,试图不断地成为另一个人从而不真正成为任何人。我们终归要追问福柯之所以有这种追求的原因,但现在,让我们先来进一步理解福柯的这一计划。

一个惯于怀疑的读者可能会认为,福柯想要通过写作来逃避自我身份的努力不可能成功,因为很明显,选择写作生涯就等同于选择了一个确定而特别的身份:一位作者的身份。事实上,米歇尔·福柯不就是那个生前和死后同样闻名、同样重要的大作家吗？难道这不是他的身份？

对于这种质疑，福柯一篇著名文章的标题可被视为回应,即"作者是什么?"。成为作者是否就意味着拥有一种身份(某种特定的本质、属性、人格),是否就和成为一名英雄、一个撒谎者或者一位恋人一样？写作是否使我成为某一种人？

让我们从"作者"一词的常识性定义入手:作者即写书的人。更准确一点,既然一位作者很可能只写了一些不曾收录出版的诗歌或文章,我们可以把作者定义为写了文本的人。但我们马上意识到这也不尽合适。任何写出的东西都可以叫做文本，包括购物单、课堂上传递的小纸条、回给电话公司查询账单的电子邮件。我们都写过这样的东西，但这并不能使我们成为作者。正如福柯所指出的，即便我们想要收集如尼采这样伟大的作家写的"所有东西"，我们也不会把上述文本包括在作品之列。只有某些文本可以算做一位作家的"作品"。

我们的定义还存在另一个缺陷。某人可能的确写下了一个文本，并且属于恰当的类别，但却不是作者。向秘书口授文本就是一个明显的例子，但还有比这更复杂的情况：例如，某电影明星"在他人的协助下"或者"通过向他人讲述"而完成了一部自传；或者一位政客"写"了一个专栏或发表了一篇演说，而这些稿件都是由幕后的一个助理团完成的；再比如一名科学家是一篇论文的"第一作者"，该论文由他的实验室成员共同完成而他自己事实上只字未写。这些例子都告诉我们，作为作者并非如我们的简单定义所设定的那样，只是某类文本的字面"致因"(生产者)。相反，作为作者实质上意味着被认定为要对文本**负责**。福柯指出，不同的文化传统依据不同的标准来明晰此类责任。举例来说，在古时候，所有有一定权威的医学文本都被认定是希波克拉底这样的经典作家的作品。而另一方面，在历史上也有一些时期，文学文本(如诗歌和故事)曾一度佚名流传，不被视为应该确定作者的文本(可与我们文化中的笑话相比较)。

出于这两种考虑——某些类别的作品能够有作者；而某些作品通过明晰责任使某人成为作者——福柯得出这样的结论：严格意义上，我们不该谈论"作者"是谁而只能谈论"作者功能"。作为某文本的作者不只是和该文本存在着事实上的联系(比如从因果关系上导致了该文本的产生)；它还意味着要扮演某种与文本有关的社会和文化角色。作者身份不是一种自然身份，而是一种社会建构，这种建构因文化和历史时期的不同而异。

由此，福柯进一步指出，在某一既定文本中起作用的作者功能和作为文本作者的单个自我（一个人）并不对应。任何一个“由作者创作”的文本都存在着多个自我来共同完成作者功能。因此，在一部以第一人称叙事的小说中，叙事者“我”并不是写下“我”所讲述的故事的人，但这二者都有权宣称自己是“作者”。一个经典的例子就是普鲁斯特的小说《追忆似水年华》，该小说运用了叙事声音“马塞尔”和普鲁斯特“他自己”之间的复杂互动。福柯在一篇数学论文中发现了同样的多重性，论文的前言中出现了感谢丈夫支持的“我”，这个“我”有别于在正文中论证定理、写下“我假设”“我总结”的“我”。当然，肯定有一个人写下了文本的文字，在这个明显的意义上说只有一个单一的作者。然而，身为作者，此人担负了各种不同的角色，从而对应了各式各样的自我身份：“作者功能的效用就在于分散这些……同时存在的自我。”［“作者是什么？”，《福柯主要作品集》（卷一），第216页］

如我们所见，对于福柯这样不想要固定身份的人，作者的角色有一定的吸引力。然而，写作还可以在更深的层次上使“我”远离“自我身份”。为了解释清楚这一点，我们再回到前文关于作者的常识性定义：作者是写了某个文本的人。从上文的分析中，我们已经看到作者身份的复杂性。就连认为作者（无论从哪种意义上去理解）生产了他所写作的文本（导致其存在）这样常识性的理解也有不妥之处。在《事物的秩序》一书中，福柯对这一问题条分缕析。他说，尼采启发我们对于任何文本都要问一个重要的问题:“谁在说话?”(是谁——从哪个历史位置、出于何种利益考虑——在主张被人聆听的权威?)福柯接着说,马拉美的回答是,至少就文学而言:说话的是“文字本身”(《事物的秩序》,第305页)。循着马拉美的思路,我们不禁要问:是否在某种意义上,文本的产生要归功于文字,归功于语言本身,而不是作者?

这种情况当然是存在的。每种语言都包含一种丰富的概念结构,这种结构在语言的每一个节点上规定着我如何言说甚至规定着我说什么。莎士比亚式的英语能够生动地描述鹰猎运动,但是却无法用来解说足球。莎士比亚的剧作之所以对鹰猎运动写得行云流水又复杂逼真,一方面自然是由于莎翁对此运动颇有兴致,另一方面也是由于伊丽莎白时代的英语为描写此类运动提供了丰富的词汇。如果莎士比亚死而复生去观看一场世界杯足球赛中德国队和英国队的对决,尽管他是一个大作家,也会觉得极难对看到的比赛作出准确的描述。我们对足球的描述要远胜过莎士比亚:不是因为我们有更高的文学禀赋,而是因为我们掌握了这样的语言。

但是,你或许会说,这是一个特例,只是由于莎士比亚时代没有足球运动而已;只要给伊丽莎白时代的英文增加一些描述足球运动的词语,问题就迎刃而解了。的确如此,但首先要注意的是,我们能够在实际中使用的任何语言都处在其历史演进过程中的某一个特定点上,因此都会有局限性。其次,还有一种可能的情况,即任何语言都可能存在结构上的根本局限,这种局限使得该语言无法进行某些类型的表述。这种情况似乎确实存在——举例来说,歌德和里尔克的德语作品中的一些表达很难找到精准的英文翻译。海德格尔甚至说——尽管不清楚他这样的结论从何而来——只有用古希腊语和德语才能充分讨论哲学问题。

相应地，作者们写作时所说的在很大程度上并非源自他们独特的见解或才能，而是他们所用的语言的产物。在文本中，多半时间只是语言在说话。作者们对此会有各式各样的反应。一种通行的（也是浪漫主义的）观点认为，作者们是在努力对抗语言的强制结构以表达自己独一无二的个人洞见。这种观点有一个假设，即作者能够拥有一种个人的、前语言的见解，要表述这种见解就必须同语言约定俗成的言说倾向作战。另一种相反的"古典主义的"看法认为，作者是在接受并运用标准结构来完成暗含了一种传统见解的新作品。无论是浪漫主义的观点，还是古典主义的看法，二者都将当前的写作看成是个人**正在表达**自我；他们的不同之处仅在于，表达的内容是作者自己的个人观点还是作者对传统观点的征用。但是，福柯尤其感兴趣的是另外一种作者能同语言发生联系的模式，在这一模式中，关键所在不是用语言来表达自我，而是用语言来消弭自我。

与这种作者身份对应的是和"作者之死"相关联的一种文学现代主义——尽管从上文的讨论可知，这种"死亡"实质上只是作者作为自我表述者这一概念的死亡。替代"作者之死"的观点是，作者是让语言展现自我的工具。这一观点在《作者是什么？》一文中并不突出，反而在此后福柯的一些论著中得到了彰显。例如，在《事物的秩序》中，福柯说："我们现在最感好奇的问题是：什么是语言，我们如何找到一种外围的方法使语言利用自身显现出来而同时又不失其丰富性？"（《事物的秩序》，第306页）

在福柯入选法兰西学院的就职演说中，这一观念非常显著

(该演说法文标题是L'ordre du discourse，却被英译做“论语言”[①])。在这场应邀而作的公开演讲中，我们能感觉到福柯个人对这一主题的强烈共鸣：他开篇就说，“我真希望自己可以在不知不觉中就开始这次演讲……我更愿意自己被话语所包裹……在说话的此刻，我但愿听到一个不知名的声音，这种声音先于我很久而存在，让我只是陷在这种声音里……（《论语言》，第215页）。福柯将自己联想成如贝克特剧中人物莫洛伊般的现代主义声音：“我必须继续；我不能继续；我必须继续；只要还有话，我就必须说，我必须说话直到这些话找到我，直到它们说了我……”(塞缪尔·贝克特，《无名者》，引自《论语言》，第215页)在后来的演讲中福柯还声称，一种观点认为作者就是“贯穿一组文章或叙述的原则，是作品意义的源头以及作品之间连贯性的基础”，该观点与其说是创造性表述的根源倒不如说是一种关于限制的原则，因为在其影响之下，我们被迫要按照某个作者的全盘筹划来阅读文本。最后，福柯巧妙地把这番理论游思引入当下的场合，他说他所期望的声音，“那个先于我、支持我、引导我讲这些话又暂存在我的演说中”(《论语言》，第221页)的声音其实就是让·伊波利特，他所尊崇的老师，也是他在法兰西学院哲学系所任主任一职的前任(《论语言》，第237页)。对福柯而言，有一点是肯定的，即语言能够而且必须带着我们突破主体的甚至多主体的表达模式。

然而，在何种意义上语言能够为我们提供一种超乎主体性自我的真实？不容忽视的一个事实是，语言通过一些可以说与

---

① 该演说原标题为L'ordre du discourse，意即“话语的秩序”。英译本标题为The Discourse on Language，意为“论语言”。——译注

图3 乔治·巴塔耶

我们靠得过近因而不易觉察的结构打造了我们日常存在的基本框架。继20世纪50年代和60年代维特根斯坦的影响之后，英语语境中的日常语言哲学提出了一种揭示这种语言“无意识”的途径。而福柯在20世纪60年代提出的“知识考古学”则是一种更偏重历史的方法。我们现在所循的这条福柯思想的线索与作为日常生活之潜层结构的语言无关。福柯在此所感兴趣的毋宁是对语言施加极端压力的写作，这类写作以悖论将语言推向极限，从而造成种种违规和越界体验。

乔治·巴塔耶的写作就是此类写作的范例，福柯曾针对巴塔耶的作品写了篇激情洋溢但较为晦涩的文章——《写在越界之前》。性爱——巴塔耶那些充满暴力的色情小说的基本主题——是一个首要的越界区域，因为它关乎我们所有的极限体验（“极限体验”是福柯指代越界体验的用语，泛指那些使我们超越了智性思考和礼节约束的体验）。把意识推向极致自然导致无意识，而受弗洛伊德影响，我们都知道无意识正是一片混沌的性欲的旋涡。乱伦普遍被视为禁忌，这体现了人类社会律法的界限所在，而那些（用福柯的话来说）表明了“语言能够在沉默的沙地上前行多远”的极限语言［“写在越界之前”，《福柯主要作品集》（卷二），第70页］，当然总是以性爱的“禁忌词汇”为标志。

当然，色情写作通常是一种相当传统的媒介，一些陈词滥调，充满激发性欲的色情联想却没有提供新的体验或思考模式。巴塔耶的色情小说与其说能激发性欲，倒不如说通过一些极端的形象使人震惊、令人厌恶、让人头晕目眩，加之写作文笔平静清晰，让人感到更加不安。巴塔耶身处的后尼采世界所隐含的悖论则进一步加强了这种不安。在这样的世界里，上帝死了，这就意味着已经不存在任何思想或行为的客观界限供我们去自我评判。“在一个不再承认任何神圣事物的积极意义的世界里亵渎神灵——这是不是有点像我们所称的越界行为？”我们知道了那些限制是由我们自己设定的，因此超越它们（越界）只能意味着对自己的反叛，借由“一种空洞的、转而向内的渎神，其介质只是在互相之间发生作用而没有任何外在的目标”［《福柯主要作品集》（卷二），第70页］。通过对逻辑法则的公然违抗，这种努力的荒谬性本身又强化了极限体验。

这种极端主义的操练，意义在于释放语言中驱使我们感受日常概念和日常经验之极限的力量，由此让我们得以（或许是转化性地）瞥见全新的思维方式。在这整个过程中，作者巴塔耶却无法宣称自己从另一个世界获得了任何不够理性或极其理性的洞见（毕竟，在现实生活中，他是一个俗务缠身的人：他是法国国家图书馆的馆长）。但他的作品却试图释放语言中新的越界性真实，这些真实带着他和读者一起超越原有的知识领域和表达空间。

然而，巴塔耶的色情暴力远非为语言自身的言说创造空间的唯一途径。巴塔耶的文字从过多的主体性中溢出，源自臻于极端的色情幻想。与此不同，莫里斯·布朗肖的写作闪烁着一种奇特性，这种奇特性似乎来源于对所有主体性的完全抽离。依福柯的解读，布朗肖是描摹"外在思想"的大师，就像在巴塔耶的作品中一样，这思想（甚至是体验）涵涉了"哲学主体性的消解及其在语言中的弥散，这种语言先是驱逐了它，而后又在它的缺席所留下的空间之内使它不断衍生"［"写在越界之前"，《福柯主要作品集》（卷二），第79页］。福柯对这一经验进行追溯，从萨德、荷尔德林经过尼采和马拉美到阿尔托、巴塔耶和克罗索夫斯基，再到集大成者布朗肖。福柯认为，布朗肖"可能不仅只是这种思想的又一个见证人"，原因在于，那些先驱们表达这种外在思想的途径，无非是以各种方式将语言与作为其根源的神的意志或人的意识相分离，而布朗肖则完全从他的文本中撤离，以至于"对我们而言，他就是那种思想本身——是它真实的、绝对遥远的、闪烁其间又不可见的存在，是它不可避免的宿命、不能逃避的律法，是它平静、无限又适度的力量"［"外在的思想”,《福柯主要作品集》(卷二),第151页]。可以说,对应于巴塔耶小说中迷狂式的侵犯,布朗肖的作品采用了一种禁欲式的退隐。在极限体验的诸多悖论中,二者是等同的,因为在两种写作风格中——尽管福柯可能更强调布朗肖的作品——处于中心和支配位置的主体都被语言自身所取代。这种语言不是意识的载体或表达形式,而是“一种专注又健忘的存在形式,以它善于掩饰的能力来抹去任何确定的意思乃至抹去说话者的存在”[《福柯主要作品集》(卷二),第168页]。

越界、悖论、主体性的消解,这些都在疯癫自身以及那些精神崩溃的终极性极限体验中整合交会。在后文中,我们还会讨论福柯关于疯癫的意义深远、引人深思的分析。但现在看来不足为奇的是,福柯会对尼采、阿尔托、雷蒙·鲁塞尔之类“发疯的”作家的作品产生浓厚的兴趣(这些作家生前都曾被诊断为失去理智)。福柯强调说,即便在这些例子中,这些作家的成就严格来说也绝非一个疯子的成就。他提醒我们注意,“疯狂正是艺术作品的缺席”(《疯癫与文明》,第287页)。完全意义上的疯癫无法产生有意义的作品,正如我们不会将尼采最后从都林寄出的明信片(署名为“耶稣”、“狄俄尼索斯”)列入他的作品。这些“发疯的”作家们之所以有独特的优势、怀有特殊的兴趣,主要是由于他们处在理智世界的边缘这样的阈限位置。他们的写作在连贯性和非连贯性之间的模糊地带展开,他们的精神“躁动”导致了巴塔耶和布朗肖有意为之的越界和退隐。在前面第一章中,我们看到鲁塞尔通过使用一些随意的限制法则怎样为写作开拓了新路,使写作不再受表达作者思想这样的意愿驱使,从而开辟了一个语言结构可以不受牵引而自然展开的领域。受鲁塞尔影响，一些别的作家——尤其是乌利波派[①]的雷蒙·凯诺、乔治·珀雷克、伊塔洛·卡尔维诺以及哈里·马修等作家——对其写法纷纷仿效。最著名的例子就是乔治·珀雷克的《消失》(La disparition)，该小说用法文写出，全文没有出现一个字母“e”。

福柯对先锋派文学的迷恋体现了他力图从极限体验之中、在一般存在之外寻求一种真实性与满足感的愿望。正如他在一次谈话中所说(这次谈话距他去世只有两年的时间)：

> 那些构成日常生活的不大不小的快感……对我来说毫无意义……愉悦必须惊人地强烈才能称之为快感……有时候一些药物对我来说的确很重要，因为通过它们的作用才能体会到我所寻求的那种强烈的欢乐。
>
> [“米歇尔·福柯：和斯蒂芬·里金斯的谈话”，《福柯主要作品集》(卷一)，第129页]

然而，虽然这种强度对作为个人的福柯一直有巨大的吸引力，但在20世纪60年代以后(当他的大多数文学研究论文都已经写就之后)，福柯似乎越来越不确定这种极限体验以及激发这种极限体验的文学是否是促进社会变革的关键所在。相反，就如何实现人的解放，福柯逐渐形成了一套政治观念。下一章，我们将沿着这条线索讨论福柯的思想。

---

① 乌利波派，即L'Oulipo，是20世纪60年代法国的一个文学流派，其全称为Ouvroir de litterature potentielle，意为“潜在文学工场”。该派成员喜欢遵照他们自定的强制性形式规则进行写作。——译注

第三章

政治学

我想要说的是：并非一切都是坏的，但一切都是危险的。

对于自己从政治上难以归类这一事实，米歇尔·福柯一直非常得意：

> 我想，在政治的棋盘上，我实际上在每一个格子里都曾留下脚印，一个接一个，有时候同时位于几个格子里：我曾是无政府主义者，左派分子，张扬的或者经过伪装的马克思主义者，支持戴高乐主义的专家治国论者，新自由派，等等……这些标签单独来看没有什么；然而，如果放在一起，它们便有更深的含义。我必须承认，我喜欢它们的这种含义。
>
> ["论辩术、政治学和问题化"，《福柯主要作品集》(卷三)，第115页]

在1968年5月的学生抗议运动期间，尽管福柯身在突尼斯，莫里斯·布朗肖却声称在期间的一场游行中看到了福柯并和他说过话。若果真如此，这就是福柯同他宣称曾"梦想成为"的人之间唯一的一次会晤。无论故事是真是假——或许福柯真的在那个夏天回法国待了几天，它都可以作为福柯的生命和思想中审美与政治之间张力的绝好象征。或许，正是在这个转折点，即当福柯正从把高雅艺术看做人类解放的希望转而认识到世俗的政治领域才是实现人类自由不可避免的战场时，福柯遇到了他的文学英雄。不管怎样，福柯的态度在20世纪60年代末发生了改变，到1977年，他已经开始用过去时态描述现代主义文学理论了，着重提到60年代的一波文学热情（和巴特之类的批评家、索莱尔斯之类的作家以及《如是》之类的杂志一起）已经是该理论的绝唱。福柯没有提及的是，他自己是这场悲哀合唱中一个重要的声音。

我们没有必要把福柯的作品看成是在20世纪70年代走向一个和过去截然不同的方向。他自己曾说，“我自问，我在《疯癫与文明》和《临床医学的诞生》中除了权力之外还谈了些什么？”福柯的话有一定道理。虽然他接着就解释说，他在谈论疯癫的书中不具备将权力主题化的概念工具［“真实与权力”，《福柯主要作品集》（卷三），第117页］。但无疑，福柯1968年之后的作品表现出明显的政治倾向，为他写作之外的生活增加了更多的激进主义色彩。

自从二战以后——要不就是从德雷福斯事件或法国大革命起——法国知识界就有一种强烈的政治关怀。那些深奥的哲学或社会学论文往往因其暗含的对当前政治事件的立场（prises de position）而受到谴责或赞扬。让-保罗·萨特一贯主张写作必须有倾向性（engagée），该观点明确体现了这一态度。对萨特来说，所谓的倾向性文学（La littérature engagée）就是指那些认识到自身同历史情境不可避免的联系，同时竭力使读者意识到那

图4　福柯和萨特在巴黎的游行示威中，1972年11月27日

种情境下人类解放的潜在可能并为之奋斗的作品。萨特认为，这样的作品不仅是一种政治宣言，因为它不服务于任何特定的意识形态，而且表达了“隐含在社会和政治论辩中的永恒真理”（《情境种种：第二卷》，第15页）。

福柯和他同时代的知识分子一样在萨特的影响之下长大，要理解他的政治见解，我们必须将之与萨特进行比较。对于萨特来说，最具决定意义的政治经历就是战争及德国对法国的占领。这样的经历使萨特以“忠诚”和“背叛”这类绝对的词来理解政治决策，这两个词对应了要么支持抵抗、要么勾结敌方这两种毫无回旋余地的选择。正如萨特所言：“无论周围环境如何，不管一个人置身何地，他总能自由选择是否做一个叛国者。”（多年以后，他在一次访谈中引述了这段话，然后说：“当我读着这段话的时候，我对自己说：真是令人吃惊，我居然真的相信这段话！”他把自己的这种态度归结于“战争的戏剧性体验和英雄主义的经历”（《在存在主义和马克思主义之间》，第33—34页）。战争留下的另一个教训是——这不只是对萨特而言——法国共产党在道德和政治上的优势地位。作为战争中抵抗一派的先锋，共产党甚至赢得了那些并不赞成他们的政治和社会目标的法国人的感激和尊重。对于萨特这样的左派知识分子来说，共产主义者在战后法国的信誉毋庸置疑。这并不意味着党员身份不可或缺，比如萨特自己就从未加入共产党。但有很长一段时间，共产党的政治议程主导着他的政治思想和活动，在20世纪50年代的一段时期，无论私下有何异议，他在公开立场上是完全支持共产党的，甚至为此不惜与好友阿尔伯特·加缪、莫里斯·梅洛-庞蒂决裂。无怪乎他逐渐认为马克思主义是“我们时代的一种无法超越的哲学”（《辩证理性批判》，第xxxiv页）。

福柯晚于萨特二十一年出生，他经历战争时还不是一个政治上觉醒了的成年人，而是一个迷茫无措的少年。福柯成长的时候正值法国战后政治局势动荡、政治方向晦暗不明，他怀疑萨特在伦理和政治方面所持的绝对观点，对于福柯自己所称的“普遍型知识分子”，他们所作的描述也受到了福柯的质疑。很明显，福柯所谓的“普遍型知识分子”是以萨特为原型，意指一种自由精神，“普遍事物的代言人”，“以真理和正义掌握者的身份说话”［“真实与权力”，《福柯主要作品集》（卷三），第126

页]。这曾经是一项有意义的事业，但福柯认为，在今天，普适性的道德体系已经不能够对现存的社会和政治问题作出有效的回应。我们需要的是切实深入到问题中去找出具体的应对之策。福柯坚称，这是"专才知识分子"发挥作用的领域，比如教师、工程师、医生和顾问，这些人"手中掌握着能够支持国家或者反对国家、滋养生命或者毁坏生命的权力"[《福柯主要作品集》(卷三)，第129页]——这样的人不是萨特，而是奥本海默。

有人曾说，在福柯看来，他自己就是一个专才知识分子，但是(除了他早期关于精神病医院的作品之外)，福柯并没有广泛地承担专才知识分子在社会体系中承担的那种特定责任。他更应该被称做——尽管他自己从没用过这个词——一位"批判知识分子"，既不以普适原则的权威身份说话，又不借重特定的社会或政治职责，而只是凭借他的历史学识和分析技巧来言说自己。既不是"妄言永恒存在的人"，又不是"生与死的战略家"[《福柯主要作品集》(卷三)，第129页]，批判知识分子只提供思维工具——对战略可能性和策略可能性的清醒认识——以供那些政治战壕中的斗士作战使用。

福柯和萨特在政治见解上最明显的分歧，体现在他对马克思主义和作为其主要代表的共产党的态度上。早年，福柯的确受到过马克思主义观点的吸引。在一次谈话中他告诉采访者，"我属于那样一代人，我们在学生时代眼前是由马克思主义、现象学以及存在主义所构成的地平线，我们的眼界也由此受到局限"(《死亡与迷宫：雷蒙·鲁塞尔的世界》，访谈录，第174页)。(存在主义现象学——尤其是早期海德格尔的那套学说——深深影响过福柯，这在他为路德维希·宾斯万格的德语文章《梦与存在》的法译本所写的长篇导言中体现特别明显。)尤其是由于在巴黎高师时受到当时法国共产党最杰出的理论家路易·阿尔都塞的影响，福柯早年对马克思主义很是着迷。在第一本书《精神病与人格》中，他将马克思主义之外的理论，包括存在主义在内，描绘成只是对事物作出"神秘化的解释"，并且认为精神病的最终根源在于由"冲突、剥削、帝国主义战争、阶级斗争等当前经济条件"所决定的"各种矛盾"（第86页）。某种意义上，福柯比萨特走得更远，并曾一度成为法国共产党的成员。但是，福柯很快对马克思主义的理论和实践两方面都感到失望。他在"大概几个月后"就退党了［"米歇尔·福柯答萨特书"，《言论与写作集：1954—1988》（第一卷），第666页］——事实上福柯的共产党员身份持续了将近一年的时间，并在那本关于精神病的书于1962年再版时（更名为《精神病与心理学》）加入了关于其思想变化的描述。他删除了书中几乎所有的马克思主义成分，包括最后结论的整个章节——那一章原来论述的是巴甫洛夫的反射理论是理解精神疾病的关键所在，然后又增加了一些以他新近出版的博士论文《疯癫史》为基础的全新历史视角。

此后，福柯对待马克思主义的态度复杂矛盾、有失明朗。例如，他在《事物的秩序》一书中发出惊人之论，认为马克思的经济学思想从根本上来说缺乏原创性和革命性，认为这种思想所引发的争议和辩论"只是供儿童嬉戏的水池中激起的水花"（《事物的秩序》，第262页）。然而，在后来的一次访谈中，当采访者就这一点追问福柯时，他又解释说，他在该书中质疑的只是马克思在经济学这一特定领域的重要性，而非马克思主义在社会理论领域中无可争议的主导地位［"关于书写历史的方法"，雷蒙·贝卢尔采访福柯，收录于《言论与写作集：1954—1988》（第一卷），第587页］。由此，人们难免得出结论：福柯对马克思主义还是相当看重的,但他也很乐于刺激一下某些当代法国马克思主义者们自命不凡的敏感神经,在作品和访谈中对他们嘲讽一番。比如,有人指责福柯在引述马克思的观点时没有注明出处,有失妥当,福柯对此的回答是,他的确曾多次明显引述马克思的话,但之所以不屑于加上明确的脚注是为了避免那些对马克思作品不太熟悉的人循此袭用这一引文(《权力/知识:访谈录及其他作品选集,1972—1977》,“关于监狱的谈话”,第52页)。另一方面,福柯在《规训与惩罚》中毫不讳言,鲁舍与基希海默尔的马克思主义作品对他写作监狱史非常重要。

在距离福柯去世前一个月左右的一次访谈中,福柯最直接地声明了自己对马克思主义的态度,这次访谈的采访者是保罗·拉比诺。福柯说:“我既非马克思主义的敌人也非其党徒;我质疑它的正是它面对质疑时会有何回应。”[“论辩术、政治学,和问题化”,《福柯主要作品集》(卷三),第115页]福柯在此把马克思主义看做他这次访谈中所说的“政治学”的一个例子,他似乎想通过这个概念为讨论当前的政治问题提供一个一般性的、富有理论知识的讨论框架。他所要强调的是,此类框架体系不能被视为政治决策的充分基础,而只能被看做一种理论资源,这种资源或许能够(或许不能)提供一种可行的方法帮助我们应对面临的问题。福柯以1968年的学生抗议活动为典型例证,认为那次运动提出了一系列的问题——“关于妇女权益,关于两性关系,关于医疗、环境、少数族裔以及少年犯罪等”——这些问题在马克思主义之类已经确立体系的政治流派中也没有得到探究。同时,他指出,当时学生活动中的那些积极分子似乎认为马克思主义是讨论此类问题的恰当工具:“当时有一种倾向,即希望用从马克思主义生发出来的理论词汇来重新描述所有的问题。”但是，福柯最后的结论是，马克思主义在这项任务面前显然力不从心：“面对这些问题时，马克思主义显得越来越无能为力。”如果说这一切有积极意义，福柯总结道，那就是我们知道了严肃政治问题的提出不一定要依赖于公认的政治理论（即“政治学”），因此，“当前的情况是，人们开始对政治学提出一系列问题，而不是在某一政治学说的框架内重新书写提问这一行为”[《福柯主要作品集》（卷一），第115页]。

福柯对**论辩术**和**问题化**在政治上进行了区分，并借此概括了自己的观点。应对政治议题时，论辩术采用一套总体性的主义框架，认为唯有这一框架才能为讨论提供坚实的基础。任何人如果不接受该框架，就会被视为需要驳倒的敌人而不能作为合作者来共同解决问题。与宗教界的门派之见（如铲除异端）以及司法程序（如刑事检控）相似，它“划定同盟，征召党徒，统一利益和观点，代表一个党派；它将异己视做争取不同利益的仇敌，不战胜他们决不罢休”[《福柯主要作品集》（卷一），第112页]。（谈到这里，我们难免会想到萨特对共产主义事业的忠心告白：“反共产主义者就是叛徒……我发誓终生仇恨资产阶级”，“梅洛-庞蒂”，《境况种种》，第198页。）福柯反对论辩术的理由是它会带来“贫瘠化”效应：“有谁看到论辩术曾催生过任何新的思想吗？”此外，“一旦有人认为他可以通过这样的途径到达真理，并因此许可以此为据的政治活动，即便这种许可只是象征性的，那将会非常危险”。福柯认为，推崇论辩术最糟糕的后果通常都是“悬置的”，这大概是因为对立的观点中产生绝对的胜利者。但是，福柯接着说，我们知道一旦一方获胜会带来什么后果：“只要看看不久前苏联的语言学或基因学论战我们就会获得不少启发。”[《福柯主要作品集》（卷一），第113页]

图5 福柯参加柏林的抗议集会，1978年1月

另一方面，问题化并不忽视论争中用到的主义框架——这毕竟是我们进行政治思考时主要的理论资源。但问题化从问题开始，这些问题不一定来源于主义框架本身，而是来源于我们在社会中的“切身体验”。我们可以也应该将这些问题不仅放在主义框架（即“政治学”）之内思考，并且也要置于其他各种框架中，不能想当然地认为所有这些模式或任何一种模式能为我们

提供充分的答案。促进政治讨论的应该是使我们提出问题的那些具体社会难题，而不是宣称能够回答问题的已经确立体系的理论。

福柯又以理查德·罗蒂的实用主义语言“我们”（族群共识）为例论证了自己的观点——同时也回应了对他的政治学观点的一个重要质疑。福柯解释说，罗蒂指出福柯的政治分析“不针对任何的‘我们’——不指向那些其一致意见、价值观念、生活传统可以构成一种思想框架的‘我们’们”［《福柯主要作品集》（卷一），第114页］。罗蒂所担心的是，由于不从任何的共识出发，福柯混淆了话语的私人空间和公共领域，为只适用于个人的自我创造的价值观（例如，对强烈极限体验的追求）寻求公众支持，这些价值观并不能充当一个自由社会的行为规范。福柯对此的回应是，的确，这样的“我们”很重要，但它只能是作为政治讨论的结果出现而不能成为前提：“在我看来，‘我们’不能先于问题出现，它只能是当人们用一套新的词汇提出问题时产生的结果——并且必然是一个暂时性的结果。”［《福柯主要作品集》（卷一），第114—115页］

福柯的回应有的放矢，但同时也暗中承认了罗蒂质疑的一个关键点。那些先于政治共识而且能够引出政治共识的问题，其本身当然必须能够用日常生活的世俗词汇来表述；否则，它们甚至将没有资格作为一个备选答案来取得嗣后的一致同意。然而，这就意味着无论“难以言表”的极限体验在个人生活中所占的地位如何，这些体验在政治讨论的公共论坛上不可能有一席之地。对于罗蒂关于政治讨论必须从基本共识（比如自由主义政治信条）出发这一观点，福柯可以予以反驳；但另一方面，他也必须承认，罗蒂有充分理由认为那些完全属于个人的价值观念与政治无关，尽管福柯曾在早期的美学作品中对这些价值颇为重视。

如果政治论战不再建基于理论框架，人们自然要问，它到底借重何种权威。当然，我们常常可以抛开那些关于终极价值判断的问题；在心照不宣的共同政治目标的背景之下，如何实现某些政治目标这一实际问题得到凸现。在此类情形下，我们可以说，涉及的问题是实用性质的改革而非根本性的革命。然而，福柯反对把已确立的社会体系内部的变革（转型）同对此种体系的革命性批判相分离。当他和迪迪埃·艾利邦讨论弗朗索瓦·密特朗的社会党在1981年选举中上台时，艾利邦暗示福柯对新政府初期举措的赞同意味着他认为"和这一届政府合作是可能的"，而福柯否定了艾利邦的说法["思考重要吗？"，《福柯主要作品集》（卷三），第455页]。他坚决反对将自己置于"要么支持、要么反对这种非此即彼的窘境"，认为即便是（体制内部的）改革活动也要有"批判（且是激烈的批判）"，因为任何名副其实的改革都要求有一种敢于进行彻底批判的质疑的思想氛围。相应地，我们不能从"不可实现的激进活动"和"对现实的必要让步"中二者选其一。相反，"深层次的转型（变革）有可能在持续的（革命性的）批判所营造的开放同时又往往动荡的氛围中完成"[《福柯主要作品集》（卷三），第457页]。

然而，这样的立场使得一个问题更加挥之不去：对于现存制度的根本性批判建基何处？因为对福柯而言，这样的批判显然应该是政治生活中恒常不变的现象，而不仅发生在革命动乱的特殊时刻。如果仔细审视一下福柯关于伊朗革命的那场备受争议的讨论，我们就能体会福柯回答此问题的深意；在讨论中福柯表达了早期对这次革命的同情，这让很多人感到不安。然而福柯同情的只是反抗这一基本行动:“一种本能的冲动,这种冲动能够使一个个人、一个群体、一个少数族裔甚至整个民族说出‘我将不再服从’,然后冒着失去生命的危险起而反抗那个他们认为有失公正的权威。”[“起义没用吗?”,《福柯主要作品集》(卷三),第449页]福柯声称,这样的行动是“无法磨灭的”,甚至是对“历史及其长期理性桎梏”的“逃离”。决心“甘愿冒着死亡的危险而不接受必须服从的确定宿命”,这正是争取任何权利的“最后落脚点”,也比“‘自然权利’更牢靠、更接近生活经验”[《福柯主要作品集》(卷三),第449页]。

我们头脑中的哲学思辩倾向可能会促使我们发问:这种反抗的意志居于怎样的地位?毫无疑问,为了自由而情愿以死亡作为可能的代价,这是出自本意。然而,正如福柯所质疑的那样,“反抗究竟对不对?”至少在这次讨论中,福柯没有对此作答:“我们不必给这个问题下定论。人们的确会反抗;这是一个事实……这是一个伦理问题吗?也许是。但无疑,这是一个真实存在的现实问题。”他只想说,只有通过这样的反抗,“主体性(不是大人物的主体性,而是任何人的主体性)才被带入历史”[《福柯主要作品集》(卷三),第452页],人类生活才不仅仅是生物进化而且拥有了真正的历史性,而他作为知识分子的使命就是“尊重任何独特性发起的反抗,同时当权力侵犯了普遍性时决不妥协”[《福柯主要作品集》(卷三),第453页]。

我们或许会说,福柯的回答不能令人满意,尤其是当我们想起他所讨论的革命将直接导致以石击和砍手为标志的暴政统治。福柯自己也承认,伊朗革命从一开始就种下了日后暴行的种子,即“使伊斯兰再次成为一个伟大文明的强烈愿望,以及对异质文化的各种仇视”。但他坚持认为,“使革命者们英勇赴死的那种精神性和由整合派教士组建的血腥政府不在同一个维度上”[《福柯主要作品集》(卷三),第451页]。但是,难道那些死者和那些活下来的暴政施行者所具有的不是同样的反抗精神吗?难道我们不是很有理由假设,一旦命运发生了逆转,那些被奉为烈士的人将会变成手握教权的暴君?当我们预想到反抗最终会导致新的暴政时,我们如何能对其心怀敬意呢?福柯说,“如果一个人昨天抗议萨瓦克[①]的暴政,今天又反对砍手的酷刑”,这不能算是自相矛盾[《福柯主要作品集》(卷三),第452页]。但是,既然知道反萨瓦克的运动会导致同样的暴行,我们为什么要尊重它?

在其他讨论中,福柯也曾用“不可忍受”这样的词来描述使抵制或反抗具有合法性的政治实践或局势。这使我们能够辨识哪些反抗在道德上来讲是合理的(因为它们的反抗对象是不可忍受的),哪些不合理。福柯对伊朗革命“心怀敬意”,这反映了他不愿随意评判一项明显具有真挚的使命感的政治行动,因为他无法从内部真正了解这种使命感。或许,福柯对自身所处文化中的运动会有不同的回应,因为他可以判断这些运动所反抗的对象是不是真的“不可忍受”。但有一点可以肯定,福柯会认为这样的判断是一种给定,不是通过套用政治或伦理体系的理论范畴所得来的。毕竟,没有人比那些有过切身体验的人更有权威去作出评判。

① 伊朗前国家安全情报组织。——译注

第四章

考古学

我不是职业的历史学家；没有人是完美的。

福柯常被视为哲学家、社会理论家或者文化批评家，但事实上，从《疯癫史》到《性经验史》，福柯写的几乎都是史学作品；当法兰西学院想为他的席位加个头衔时，福柯选择的是“思想体系史教授”。然而，福柯又认为他的史学作品有别于标准的观念史作品，他先是把自己的作品称为思想“考古学”，而后又称为“系谱学”。

在现代派文学中，语言往往被视做独立存在的思想源泉，而非供人驱使的表达思想的工具；福柯的思想考古学概念同现代派文学对语言的这种理解密切相关。然而，福柯的计划不是通过越界或者隐退行为开辟一个由语言去“言说”的空间，而是把以下事实作为出发点：在一个既定领域内的任何既定时期，都存在对人们思维方式的实质性限制。当然，像语法和逻辑这样的形式限制一直都有，它们将某些表达归为胡言乱语（无意义）或不合逻辑（自相矛盾）。但这位思想的考古学家感兴趣的是另外一套限制规则，比如，正是这样的一些规则使人们在数百年间都觉得“天体可以不按圆形轨迹运行或者由尘世物质构成”这样的想法是“不可思议的”。在我们看来,这样的限制愚蠢可笑:他们为什么无法看出至少存在这样的可能性呢?然而,福柯要说明的是,任何一种思维都存在这样的潜在规则(或许规则的遵循者们自己都无法阐述),它们实质上限制了我们思考的范围。如果能够揭示这些规则,我们就会明白这些看似随意的限制在由此类规则界定的体系中畅行无阻。此外,福柯也暗示,我们自己的思维也受制于此类规则,因此,如果能从未来的角度审视今天,这种限制也会像我们今天眼中的过去那样随意。

福柯认为,在既定的历史时期进行思考的实际上是每一个个体;而分析那些不受个体控制的因素,正是理解制约人们思考的约束体系之关键所在。从这个意义上说,“观念史”——意指科学家、哲学家等的所思所想——远不及那些构成他们思考的历史语境的潜在结构重要。例如,相较于作为个人的休谟或者达尔文,我们更感兴趣的是什么使休谟或达尔文的出现成为可能。这就是福柯著名的“主体的边缘化”主张的根源。福柯并不是在否定个体意识的现实性或个体意识在伦理意义上的极端重要性,他只是认为个体活动于一个概念环境之中,这个环境以一种不为他们所知的方式决定、限制着他们。

除了用考古学描述福柯这项新的研究课题之外,另外两个比喻也看似恰当,即地质学和心理分析。萨特首先提出了这一地质学的类比概念,而福柯本人在谈到用他所提出的历史研究方法揭示出来的“沉积层”(《知识考古学》,第3页)时则采纳了这一概念。然而,这一比喻存在着误导读者的危险,会让人认为我们可以像地质学家那样置身其中并“亲眼看到”思想的内在结构,而事实上,我们所能接触到的只是一些表层现象(语言的某种既定用法），我们需要根据这些表层现象去推测潜藏于下的结构。另外一个比喻，即心理分析的比喻，很受福柯推崇，这个比喻将潜藏于下的结构呈现为潜意识的一部分，呈现为只有通过分析我们已知的语言事件才能加以揭示。然而，和心理分析不同的是，福柯的历史不具备阐释学性质，即它不会为了还原其深层含义而对我们所听到的、所读到的作出**阐释**。它涉及文本，但不是将其作为文献记录，而是像考古学家那样把它们当做重要遗迹（《知识考古学》，第7页）。换句话说，知识考古学家不再追问笛卡尔的《第一哲学沉思集》是什么意思（即笛卡尔试图表达的是什么观点）；他们只是把笛卡尔——及其同时代作家，无论是否出名——的作品用做线索，据此来重构这些作家思考和写作时置身其中的系统的总体结构。仍用考古学的类比来讲，福柯的兴趣不在于某一特定的研究对象（文本），而在于这一对象的发掘场所的整体结构。

和现代派先锋艺术家们追求没有作者的写作相类似，福柯的考古学试图架构一种没有个人主体的历史。和人们通常会由此得出的结论相反的是，这并不意味着把主体完全排除在历史之外；归根到底，福柯所谈论的是**我们的**历史。但考古学所强调的是，上演我们历史的舞台——以及大部分的演出脚本——独立于我们的思想和行为。这是它和常规历史的区别之处，后者通常讲述个人主体在时间中的变迁。观念史就是一个典型例子。标准的观念史通常讲述哲学家、科学家和其他思想家们如何提出自己的重要观念和理论、又如何将这些传授给他们的继承者。福柯并不排斥这种“主体中心”的描述，但他同时指出，这种描述易于出现特性失真。它们将历史看做故事，看做叙事，既然故事可以从一个人或多个人经历的角度来讲述，那么这个故事就会体现出意识的连续性和目标指向性。于是,历史就成为小说,其情节由人类的利害考虑统领,最终指向一个对人类而言有意义的结局。表面看来,这样的叙事令人信服;但同时,它忽视了历史表面的延续性和目的性在多大程度上要归因于一种错误的假设,即人类历史从根本上是由实践这种历史的意念的经验和计划所驱动的。考古学恰恰引入了意念之外的因素,这些因素很可能会证实我们自认为存在于我们生活中的延续性和趋向性是虚假的。

为了进一步解释福柯的观点,可以考虑一下对历史的"辉格式"阐释。这一阐释把历史讲述成朝向光辉现世的逐渐推进过程,曾招致很多骂名。("辉格式"意指辉格党人的思想体系,该词充斥于麦考利爵士的《英格兰史》中。)在20世纪的历史学家看来,把过去看成是以今天的我们为显明目标的一种持续前进是天真的,但他们提供的典型替代即是以过去本身的概念和关注讲述过去的故事,一种"那时他们如何认为" 的叙事。但是令人疑惑的是,举例来说,为什么伊丽莎白时代人对自己历史的视角就比麦考利爵士的视角更应该得到优先考虑?为什么这两种视角中的任何一种都优先于生物学、气象学或是地理学因素,纵然这些因素比伊丽莎白时代人所能想到的任何事物都更能影响他们的历史? 事实上,这种思路对历史编纂学领域的法国年鉴学派(因主办的杂志而得名)非常有用,而福柯在《知识考古学》一书开篇即以肯定的口吻引述了该方法,并回顾了自己想要把年鉴派的方法用于思想史研究的努力。

或许,我们会提出异议,认为这样的推论不合逻辑,因为伊丽莎白时代人的所思所想显然决定着他们有怎样的思想史。但是福柯质疑的正是这种所谓的自明之理。这位考古学家提出,

"伊丽莎白时代人的所思所想"——通常意义上"他们意识到的自己的想法"——大部分可能是他们意识之外的那些因素的远期后果。另一方面,福柯也不像马克思主义或者其他形式的历史唯物主义那样,试图通过外在的社会或者经济力量来解释思想观念。他的构想是提供一种对人类思想的**内在**描述,同时对这种思想中的有意识内容不赋予优先地位——这种思想没有给予思考者任何优先角色,正如作品没有优先考虑作家角色。和现代派文学情况相同,语言作为独立于使用者的一种结构是完成此项研究的关键。这就暗示了另一种类比,它有助于我们理解福柯的研究——与乔姆斯基的语言学相似,它试图揭示人类语言的"深层结构"。值得注意的是,比起语言的形式(无论是句法的还是语义的)结构,福柯更为关注的是那些限制人们言论和思想的实际内容的结构。

"限制"思想这一概念向我们暗示了关于思想考古学的一个决定性学科类比,即试图确定我们的观念和经验的"可能性条件"的尝试,这也是自康德以来大部分哲学研究的共同特点。康德认为这些条件是"先验的",因为他们既非经验的(由具有偶然性的人类历史所决定)也非超验的(起因于加在我们身上的必要的外在约束)。鉴于我们作为有限认知者的身份,我们要想能够对世界有一定的认识经验,上述约束条件就是必要的。根据康德的观点,使经验成为可能的先验条件有一些要求,例如,我们体验的对象必须存在于一定的时间和空间,它们必须是遵守因果律的物质。由于这些条件先于经验而存在,康德称它们为"先天的"(以区别于从我们的经验总结出的"后天的"真理)。

福柯曾用康德式语言描绘自己的考古研究,声称它旨在寻找某一特定历史时期思想的“可能性条件”(《事物的秩序》,第xxii页)。不同的是,对康德而言,这样的条件是普适性的,是所有可能的经验的必要制约条件;而福柯认为这些条件要视特定的历史情境而定,应随着时间的迁移和知识领域的不同作相应的变化。不变物种理论是18世纪生命知识的必要条件,但对于20世纪来说则不然。因此,福柯指出,这样的考古学仅仅把人们引向相对而言的“历史性先验知识”,而非康德宣称发现的永恒、绝对的先验真理。这里存在着深层次的差异,因为康德所声称的普遍必然性要求他的超验研究使用超越自然科学、历史等经验学科的研究方法;这些声称要求一种特殊的哲学性先验方法来进行先验思辩。福柯可以借用康德的术语,但他的研究计划并不指向任何超出历史编纂学的经验研究范畴的真理。

福柯的考古学对科学史上很多已被接受的观点提出了挑战。例如,众所周知,拉马克是达尔文进化论的先驱,居维叶则坚决反对物种经过长期渐变而最终出现这一观念。在《事物的秩序》一书中,福柯承认拉马克论及了物种(通过继承后天获得的特征)历时而变,而居维叶的理论认定物种恒定不变。但是福柯声称,这些冲突的观点掩盖了一个更加根本性的分歧。拉马克的研究是在和“古典时代”(泛指1650年到1800年间的欧洲,尤其是法国)相联系的考古学一般框架(用福柯的术语来讲,一种“知识型”)中进行的。按照福柯的分析,古典时代的知识型不把时间作为自然界的一个重要维度。所有可能出现的生物种类都是先决的,完全不依赖于历史性的发展演变,可以借助不随时间变化的种属表完全呈现出来。各个种、属在时间中的逐渐实现不需要同时实现所有的可能特征,但是它们必须严格按照种属表所规定的亲缘关系的恒定顺序出现。拉马克假定了这样

图6 乔治·居维叶研究动物化石，沙特朗所绘油画真迹翻拍

一个依次实现的过程，但他不知道（也不可能知道）不同时期出现的物种之间的差异背后也有一定的历史原因。

居维叶确曾断言所有物种从一开始就存在，并非由历史原因导致。但是，和拉马克不同的是，居维叶的研究框架是现代知识型（大约1800年后开始占主导地位），这一知识型与古典时代的知识型对比鲜明，认为生命形式在本质上是历史实体，由此通过历史的、进化的原因逐步形成就成为可能。在这个意义上，居维叶和达尔文的冲突只存在于“事实上发生了什么”这一表面层次。拉马克则不同，尽管他支持类似于达尔文的一些字面论断，但在关于物种的含义这个更深的层次上和达尔文观点相左。从18世纪中期到19世纪中期，欧洲关于生物的概念发生了一次根本性的断裂：拉马克处于这一分歧的一边，居维叶和达尔文位于另一边。常规的观念史之所以忽视了这个关键点，是因为它们只注重思想家个人的理论，忽略了潜藏于下的考古学框架，这些框架正是理解这些理论的终极意义的必要条件。

在《知识考古学》一书中，福柯详尽陈述了如何把考古学作为一种史料编纂方法，但事实上，这种方法在福柯于20世纪60年代所写的三本历史著作——《疯癫史》、《临床医学的诞生》和《事物的秩序》中已经逐步发展成形。既然这一方法的形成是为了应对具体的历史问题，与其根据它作为一种普通认知理论的说服力，倒不如根据它能产生的历史结果来对它的价值进行评估。学术界已有不少历史学家对其进行了严苛的评价。安德鲁·斯卡尔就赞同他自己所恰当认为的“大多数英美学界专家的判定，即（《疯癫史》）是一部发人深醒、光彩夺目的散文诗，但同时也是一部理论基础薄弱、充斥着事实性和阐述性错误的作品”。

在此，我们通过一个例子来说明这些学者为何不能接受福柯式的考古学研究。在《疯癫史》中，福柯有一个重要论断，即在17世纪中期，禁闭疯癫病人的做法（把疯癫者关在特殊的拘留室，与大众隔离）具有特别的重要性，它与古典时代对待疯癫的根本态度有本质上的联系，后者认为疯癫是对理性的弃绝，因此疯癫者在理性社会中不应有容身之地。然而，直至2002年去世之前一直是英语世界研究疯癫之翘楚的历史学家罗伊·波特提出，对英国某些地区处理疯癫病人的研究表明，"精神错乱者的典型状况仍是放任自流，居民们都认为这是疯子的家人应负责处理的事"。即便有些疯癫者被禁闭起来，也只是很少的一部分：甚至只有五千人，截至19世纪早期也不会超过一万人。据此，波特认为，禁闭更多是19世纪的做法；在整个古典时代，"拒斥疯癫者这种做法的增多是缓慢的、局部的、不成规模的"（"福柯的大禁闭"，第48页）。

然而，值得注意的是，波特对福柯的批评是基于一种个人的信念和行为，而在福柯的考古学中，这种个人的信念和行为并非关注的重点。对于不同国家人们的思想或行为，福柯并不进行经验性的归纳概括，他所做的是努力建构一种具有普遍性的思维模式（知识型），这一模式潜藏于各种不同的信念和行为之下。诚然，一种知识型必须在其所约束的思考主体的实际信念和行为中得到反映，但在普遍的思考结构和具体的信念和行为之间不存在简单的对应关系。我的心理医生说我在潜意识里厌恶女性，可我每周都去探访我的母亲，也从没有忘记和妻子的结婚纪念日，但我并不能因此驳倒心理医生的结论：或许，在我的一些日常行为范式中的确表现出对女性的深层次的敌意。

与此类似，禁闭——无论在不同地区、不同时期推行的广度如何——可能代表了古典时代对于疯癫的独特看法。这并不是说福柯的论点不可证伪，而是说，论点要作为一种普遍阐释性假设来检验，即验证它是否能对大量的数据进行总体分析并得出有意义的结论，是否能揭示新的研究方向，而不应该把它作为一种经验性的概括——比如"天下乌鸦一般黑"—— 来进行评判，这样的概括一个反例就能驳倒。

前面一章里讨论了福柯作品的政治倾向性，这里，我们或许终究要问：福柯的考古学和他的政治倾向是否相关。表面上看，福柯的考古学强调的是抽象的语言结构，这和政治权力的现实性似乎风马牛不相及，并且，政治权力只是在福柯20世纪70年代的作品中，在他提出系谱学研究方法的时候，才是一个明确的主题。但是，考古学也并非不具备政治（和伦理）潜能。这一潜能具体表现为：考古学向我们展现了各种不同的思维模式，这就促使我们质疑自身思维模式的必然性。有一点至关重要，即福柯的考古学分析从未针对与我们的文化有根本性不同的异质文化展开。在《事物的秩序》一书中，福柯在前言中引述了博尔赫斯著名的动物归类法（"属帝王专用"，"散发香味的"，……"流浪狗"，"目前分类已包括的"，……"为数众多的"，……"远看如蝇"等类别），该归类法源自某神秘的"中国百科全书"。看到考古学所呈现的完全不同的基本思维方式时，我们的反应大可用这段引文来表示："根本不可能**那样**去思考。"（《事物的秩序》，第xv页）然而，福柯的考古学确实展现了这些不可能性，只是不是来源于像中国这样远不可及的国度，而是源自距我们今天年代不算久远的西方文化历史：16世纪到18世纪的欧洲。

由此，考古学向我们证明，那些看似"不可能"的思维模式对与我们相距不远的知识分子前辈来说完全是有可能的。例如，我们认为，对待疯癫唯一理性的方式就是把它视做“精神疾病”，但福柯的考古学告诉我们，在略早于二百年前，包括笛卡尔和莱布尼茨在内的很多人——现代科学体系的“奠基者”们——都对疯癫持完全不同的看法。这种展示蕴含着颠覆性，暗示潜藏在我们观念和看法之下的知识型未必像我们所认为的那样具有必然性。当这些观念涉及一些具有伦理性、政治性的社会实践的基础（如我们对疯子的处理方式，我们的医疗体系，以及现代社会科学——也就是福柯考古学研究的三个学科领域）时，考古学显然不只是关于抽象语言学现象的中立性描述。

第五章

系谱学

我是尼采式的。

既然福柯对“系谱学”这一术语的借用已经公开宣布了他和尼采的联系，我们从一开始最好就弄清楚福柯所谓“尼采式的”意味着什么：

> 人们往往研究（尼采）然后作出类似于写给黑格尔或者马拉美的评论，对此我早已厌倦。就我而言，我更喜欢利用我喜欢的作家。对尼采这样的人的思想，唯一恰当的致敬方式就是去用它，去肢解它，让它抱怨，让它反抗。如果评论家们据此说我对尼采忠诚或不忠，这其实一点都不重要。
>
> （《权力/知识》，“关于监狱的谈话”，第53—54页）

尽管有这番坦率的说明，评论家们还是普遍认为福柯的系谱学概念和尼采大抵相同，尤其是，福柯在《尼采，系谱学，历史》一文中对尼采的系谱学概念的详尽分析也被视做他自己关于作为历史研究方法的系谱学概念的明确表述。

可是，一个不容忽视的事实是，福柯的这篇文章是为了纪念他在巴黎高等师范学院的老师让·伊波利特而写，是一篇谦恭、简洁的文本精细分析，当年作为学生的福柯无疑曾为老师写了不少此类文章。这篇小文认真总结了尼采的系谱学观点，但很少用福柯自己的声音对该观点的合理性作出评论。鉴于此，我们不能简单地假定——虽然很多批评家和评论者已经这么做了——福柯自己赞同这篇文章提到的所有观点。在某些方面，福柯向读者展现的显然不是他自己的态度。例如，他决不会支持尼采经常援引主体的感情和意图［即学者们的竞争对抗，统治阶级的创造，“尼采，系谱学，历史”，《福柯主要作品集》（卷二），第371页］作为思想史发展的原动力这一说法，也不会赞同尼采把19世纪的退化衰落归咎于种族融合［《福柯主要作品集》（卷二），第384页］。

再者，如果我们认为福柯关于历史方法或者任何其他主题的一般性理论阐发不是仅仅服务于特定目的的工具，这是非常冒险的，这一点我在后文还将论及。无论如何，对于系谱学，福柯从未作过像《知识考古学》中那样细致的回顾性方法论分析。因此，与其从他散落的、有时前后不一致的方法论宣言中研究他的系谱学，倒不如从他的历史研究实践中理解这一方法更有成效。遵循这一思路，我们马上会发现，福柯持续运用系谱学研究方法的只有一部作品，即他那本关于监狱历史的《规训与惩罚》。虽然学者们也经常引用《性经验史》第一卷作为他系谱学研究的另一个范例，但我们不能忘记，这本书只是对一系列复杂的系谱学研究的一个概括性导论，那些更加复杂的研究在福柯有生之年并未完成，而这本书只是简单勾勒了那些研究完成之后可能呈现的图景。有时，福柯也会将自己的最后两部关于古代性经验的作品称为系谱学研究，但是，正如我们后文的分析将会显示的那样，这种说法主要是鉴于作品的伦理层面而非作品的历史分析模式，难逃牵强附会之虞。

那么，《规训与惩罚》中的历史研究方法又是怎样的？首先，我们要注意到，这种方法在很大程度上仍是考古学的。例如，福柯用四个考古学分析的范畴来谈论作为惩罚的囚禁这一明显具有现代特征的技术，这四个范畴是福柯在《知识考古学》中区分开的。囚禁将违法者视为属于一个新的类别的**对象**，这些**对象**的特征符合关于犯人特征的**概念**，同时，它区分了不同的**权威模式**（如法官的权威，假释裁决委员会的权威，犯罪学家的权威）和可供选择的**多种策略性行为**（如用单独囚禁和劳动的不同方式对待囚犯）。然而，四个主要考古范畴的运用不仅停留在语言层面，它们还针对实践活动，这些活动超越了纯粹的语言表述而对对象造成了可见的变化。因此，《规训与惩罚》所关注的不仅是我们用以感知世界的语言（经过了考古学的分析），还关注能够改变世界的力量。

尽管考古学能够充分描述一项语言活动或非语言活动之下潜在的观念体系，但它并不适合用来描述某一实践活动的效果。它是一种结构性、共时性的分析模式，而非一种因果式、历时性的研究方法。在《事物的秩序》一书英文版的前言部分，福柯谈到了这一局限性，指出他的研究仅限于**描述**各种思想体系，而无意于解释从一种体系到另一种体系产生的变化。“那些传统的**解释**——时代精神、各种技术影响力或社会影响力——在我看来大多与其说有效不如说神奇。”然而，福柯对此也提不出其他类型的解释，所以他认为“如果要勉强提出一种我自认为没有能力提供的解决办法，这样的做法不够谨慎”。“因此，”

他说，“我把因果的问题搁置一旁，然后选择把自己限定在对转型本身的描述上，因为我相信，如果有朝一日需要构建一种关于科学变化和认识因果的理论，这样的描述将是不可或缺的一步。”(《事物的秩序》，第xiii页)

写《规训与惩罚》的时候，福柯已经有了一种他自认为行之有效的进行因果解释的方法来弥补考古学的不足。这就是他所说的系谱学：“本书旨在……梳理现存的科学—法律综合体的系谱。”(《规训与惩罚》，第23页)那么，在写完《事物的秩序》之后，福柯究竟又有何发现呢?

福柯的第一个发现是：思想的变化本身并非思想的产物。这一发现呼应了福柯早期对于“时代精神”和其他类似的准黑格尔式历史解释，如集体无意识等的摒弃。但是，从技术影响和社会影响方面来说，福柯对于历史学家标准的物质分析模式也并不垂青。这些动因太过模糊、笼统——如印刷术的发明、资产阶级的兴起，它们的解释力有一个限度，即我们要把历史看做朝向一个同等模糊、笼统的目标(如民主和世俗主义)行进的过程。福柯对以此类目标为焦点的宏大的目的论叙事持怀疑态度，转而提出了一些关于很多具体的、“小”的动因的叙述来取代这些宏大叙事，这些小的动因各自为战、独立运作，无意于取得整体结果。如果选择了这样的方法，我们就不会去讨论诸如“印刷术的发明”这样的问题，而会研究报纸和杂志制作和发行的整个综合流程(新型媒介、报道风格、造纸方法、订购方案，凡此种种)以及随之而来的广泛而又多样的社会、经济和政治效果。或者，我们可以引述福柯自己的一个例子来说明这一点：在《规训与惩罚》一书中，福柯分析了在众多别的因素当中，一种新型步枪的发明、对医院空间更有效的利用以及教授孩子们正确的书写姿势的变化，这些都在不经意间帮助建立了一种全新的社会控制体系。

最终的发现是：各种具体动因所指向的目标都是人的身体。与其说那些驱动历史的力量作用于我们的思想、我们的社会机制或者环境，倒不如说它们作用于我们个人的身体。例如，18世纪的惩罚方式是对身体的暴力侵犯：烙刑、肢解、处死；而19世纪的惩罚形式貌似温和但也同样是身体性的，如监禁、号令集合、强制劳动。囚犯必须接受一整套组织严密的改造方案，其目的是制造"驯顺的肉体"。由此，福柯式的系谱学就是对历史进行物质的、多重的、肉体的因果阐释。

那么，这样的系谱学是否是尼采式的？像福柯一样，尼采对系谱学也提出过很多纲领性的见解——虽然并非都前后一致，其中有些部分适用于福柯研究活动的要义。例如，尼采认为系谱学是追溯一种观念或实践的Hernuft（血统或世系），这就和福柯对身体的强调有相通之处。同样，尼采所描述的系谱学是自然主义的而非理想主义的，他特别指出，对道德的解释是一个起源于小的"偶然"动因的偶发现象。但是，尼采思考得最深入的系谱学（《道德的谱系》）和福柯在《规训与惩罚》中所展开的研究大相径庭。首先，尼采的作品丝毫没有福柯作品的严谨的学术风格和细致的资料引述。它不是严肃的档案研究的产物——这种研究被福柯描绘为"暗无天日、小心谨慎、耐心考证"［"尼采，系谱学，历史"，《福柯主要作品集》（卷二），第369页］——而是来自一个博学多才的业余爱好者坐在扶手椅中的沉思遐想。更能说明问题的是，尼采的系谱学背后存在着心理学动因（强者的骄傲和野心，弱者的怨愤，传教士的狡诈），这些和福柯关于身体的历史无甚关联。尼采将苏格拉底式的弱点和

图7　尼采(右),和他的朋友卢·萨洛梅以及保罗·雷在一起，1882年5月于卢塞恩

圣保罗式的憎恶作为重要的系谱学动因，而福柯的研究中没有对应的内容。此外，基督教教义——在尼采的论述中充当道德释义的主要来源——是一个全球性的坚不可摧的动因，毫不妥协地坚称要弃绝此世而企盼"来生"。仅作为历史研究方法来看，尼采和福柯的系谱学大异其趣。

但同时，在一个根本层面上，福柯是彻底尼采式的，这个层面即他运用系谱学时的批判意图。尼采利用系谱学来证明，我们最尊崇的体制和惯例是"人性的，太人性的"。福柯的系谱学通过追溯这些体制和惯例的真正根源、阐发其正统含义及其与社会的自我理解相关的评价体系，来实现类似的解构。"历史的开端通常很卑下：不是鸽派人士的谦恭谨慎，而是一种讥讽挖苦，足以打破任何迷恋。"［《福柯主要作品集》（卷二），第372页］提供一套谱系就是要"明确那些偶然因素，那些细微之处的偏离行为——或者，相反地，那些完全的逆反之举——那些错误、不实的评价，以及有缺陷的推定，这些推定或许直接导致了一些今天依然存在且对我们有重要价值的事物"［《福柯主要作品集》（卷二），第374页］。这段引文是福柯对尼采的解读，但此处也能反映出福柯自己的观点。

对系谱学的批判性运用似乎陷入了一个本源性的谬误，因为它从某事物的卑微起源开始论证了它的价值缺乏。如果尼采是正确的，道德的确起源于"令人生厌的、心胸狭小的结论。具有可耻的源头"［《曙光》，第102篇；转引自《福柯主要作品集》（卷二），第370页］，那么，这又如何能证明道德不具有权威性呢？或者，如尼采所暗示的那样，为什么我们从"低等"动物进化而来这一事实会损害人类的尊严："我们满心希望通过展示人的神授出身来唤醒人作为万物主宰的感觉；现在，这条路被封

死了，一只猴子堵住了入口。”[《曙光》，第49篇；转引自《福柯主要作品集》(卷二)，第372页]

然而，根源的问题不是系谱学家首先提出的。早在上帝在西奈山上将十诫授予摩西、世间遂将其奉为道德权威时，或者在女性的从属地位被认为是由她们的生理结构所决定时，源头的问题就已经出现了。进化的事实不能否定人类的尊严，但正如尼采的引文所暗指的那样，它会使“人类的尊严建基于我们是上帝的造物”这一论断失去依据。只要系谱学批评指向以已确立权威的来源为基础对这些权威的支持行为，它就可以避免本源性谬误。福柯断言，系谱学研究暴露了隐藏在那些看似必然的事物背后的偶然性，这一断言隐含了上述对系谱学的理解。这里，必然性(源于神的意志、人性，或是可能性的先验条件)是一个笼统的范畴，涵盖了所有那些从优先本源的角度证明社会行为和习俗之合法性的努力。

福柯用一句话概括了系谱学的价值倾向，说它是“关于现在的历史”(《规训与惩罚》，第30—31页)。这里面包含了两层意思。首先，历史研究的主题是那些在今天对我们具有权威性的规则、行为和习俗的根源。其次，研究历史的初衷不是为了理解过去本身，也不是为研究而研究，而是要理解和评价现在，尤其要借此揭穿那些不合理的权威之论。作为“关于现在的历史”这一思想的提倡者，福柯坚定地和尼采站在一起，不论那种认为他们使用了相同的历史研究方法的论断如何“歪曲”尼采的研究实践，如何“抱怨和反抗”。

福柯的系谱学的另一关键领域也显然照应了尼采的精神：关于知识和权力紧密联系的论断。这一论断提出了福柯的一个基本见解，即思想的变化不是由思想本身引起的，暗指思想变化的动因是控制个人行为的社会力量。尤其是,根据福柯关于知识的考古学看法,权力使得潜藏在我们知识之下的基本考古学框架(知识型或者话语形式)发生转变。在此,福柯选择了介于两种极端之间的一种立场,这两种极端一极是将知识简单地归结为权力(即认为“某人知道某种权力”意味着“社会力量迫使某人接受这种权力”), 另一极是断言知识和权力互相独立(一种乌托邦式的观点,认为“某人知道某种权力”暗指“某人对该权力的接受和所有社会力量没有因果关系”)。获取知识并不简单等同于被权力所影响;正如谈到权力与知识时福柯曾经指出的那样,“我提出了权力和知识二者的关系问题,这一事实本身就说明我没有把二者**等同**起来”(“批判理论/思想史”, 第43页)。另一方面,拥有知识也不意味着可以完全逃离权力关系。

福柯还进一步宣称,权力对认知也有积极的作用,在限制和消除知识的同时也生产了知识。例如,古典经济学是资本主义社会经济制度的产物, 它尽管受到自身根源的明显局限,还是创造了一种没有资本主义便不可能存在的关于该领域的独特知识体系(《知识考古学》,第186页)。此外,知识同样对引起知识的权力结构有转化作用。一个典型例子是,有些政府将其合理性建立在特定的知识体系(如某个民族的历史)上,但这些事实同样可以用来质疑政府。想一想在以色列的考古新发现可以用来支持或驳斥《圣经》中关于早期犹太民族的叙述,这些考古发现无疑具有政治意义。

知识和权力紧密相连的观点很容易使人联想到尼采那晦涩又有争议的概念:权力意志。尼采认为,权力意志是那些宣称表达着纯粹、客观的知识的思想体系(如柏拉图哲学和基督教神学)之根源。福柯对尼采谈论权力意志时有时采纳为语境背景的形而上理论化并不认可，但他显然心动于并借鉴了尼采从科学、宗教和其他认知权威的背后寻找权力的做法，那些认知权威都宣称自己纯粹建立在公正、无私的证据和论说的力量之上。

权力可以产生真正的知识——福柯的这一观点是否受惠于尼采，还没有明证。在《尼采，系谱学，历史》一文中，我们至少可以看到，福柯考虑的只是尼采式系谱学的负面影响。在福柯的解读中，尼采的权力总是暴力的。人类的确建立了各种规则（有社会规则，想必还有认知规则），但这些规则只是暴力统治的工具：

> 人类的历程并不是通过一次次对抗逐渐实现普遍互惠，从而用法的规则来最终取代战争；人们将其暴力置入一个规则体系，借此从压制走向另一种压制。

作为任何知识体系的不可或缺的组成部分，阐释对福柯眼中的尼采而言就是"对规则体系的暴力地或秘密地征用……其目的在于为其强加一个方向，使它服从于一个新的意志，强迫它加入一个新的游戏"[《福柯主要作品集》（卷二），第378页]。很难看出，完全表现为暴力和统治的权力如何能够生产知识。

另一方面，我们或许会发现，权力能够产生知识的观点令人难以置信。这样的疑问同样存在于一种经常见诸笔端的评论（有时表现为批评，有时表现为赞誉），即福柯的理论中没有客观、非相对化真理的容身之地。按照这种思想，如果我所相信的一切都是由社会的权力结构所决定的，那么，我的任何观念如何能获得相对于那个社会的标准之外的有效性？尽管有人赞扬福柯丢弃了过时、压抑的客观真理的概念，但看上去更有道理的是那些认为这样的立场具有自我驳倒性的评论者。设若所有观念只相对于它们所产生于其中的权力系统有效，那么福柯的相对主义最多也只具有这种有限的有效性。如果我们身处和福柯相同的权力王国，我们想必已经接受了他的立场。如果我们不身处这样的权力结构，他的观点显然和我们无关。

但为什么说权力不能生产真正的知识呢？当然，像洗脑这类情况对我们来说并不陌生，这种情况下，因权力关系而产生观念恰恰否定了获得知识的可能性。如果你通过剥夺睡眠、扰乱感官的方法使我相信某政党的目标是好的，即便这是真的，也不能说我知道这些。但是，这并不意味着不存在任何能够产生真正知识的训练和引导（我们可以称之为教育）。无疑，孩子们正是这样逐步接触到数学、历史和道德方面的基础知识的。随着我们一天天长大，一部分教授给我们的知识成为我们进行反思、评价的对象，而我们接受的大部分观念仍是社会条件作用的结果。当然，这样的例子主要存在于个人的有意识知识层面上（用福柯的词汇来说，即connaissance），而福柯关注的是潜藏于知识之下的考古学知识结构（savoir）。但两种情况有一个共同的原则：某一认知状态是权力作用结果这一事实，并不将该状态排除在知识的范畴之外。权力和知识在逻辑上是可以共存的。

无论我们对这样的总体论辩看法如何，福柯并不一定真正需要它。最终，福柯对通向激进的相对主义和怀疑主义的理论概括并不感兴趣。福柯偶尔也会有不够严谨的总体论断，但他只对局部的而非全局性的怀疑论负责。他的计划只是质疑非常具体的对认知性权威的主张：主要是心理学家和社会科学家所作的（甚至不是这类主张中的全部）。至于此外的其他诸多领域，如数学、物理、化学以及大部分的生物学，福柯显然并不介意。因此，他的各种系谱学所应该提供的，是我们怀疑某些具体的学科领域自称为认知权威的理由，而不应该是我们质疑所有此类主张的理由。它们应该向我们展示的是，精神病学或者犯罪学究竟有哪些不妥之处使它们成为"值得怀疑的学科"。随后我们会看到，这正是系谱学所做的。

第六章

戴面具的哲学家

我不是很哲学。

(我的作品)记录了一项长期的、尝试性的……哲学实践。

带着对身份惯常的逃避态度,福柯对哲学家这一称号时而承认、时而否认。当他同意接受一次作为哲学家观点系列之一的访谈时,福柯坚持隐匿自己的姓名,坚决作为"戴面具的哲学家"出现["戴面具的哲学家",《福柯主要作品集》(卷一),第321—328页]。

然而,官方相当肯定,福柯是一位哲学家。他持有该学科领域的高级学位(包括最高的博士学位),并曾在几所大学的哲学院系任教授之职。那么,他——或者说我们——又为何对此有所顾虑呢?

要为"某人是哲学家吗"这一问题找到一个有趣的答案,我们需要一个相关的背景框架,而最便捷的一种方法就是提供一些哲学活动的范例。福柯是像苏格拉底那样喝毒芹的哲学家,是像第欧根尼那样大白天拿着灯四处寻找的哲人,还是像笛卡尔那样闭门苦思的哲学家?在我们这个时代,哲学家的范式是康德式的,康德确立了哲学作为独立的理论思辨领域的地位:

哲学不再像古时那样是指导人生的智慧，也不像中世纪那样，是神学的附庸，甚至不像笛卡尔和其他早期现代哲人所认为的那样，是对世界新的科学解释的组成部分。在康德那里——至少在三大批判的作者眼中，哲学与物理学和数学一样，是一个学术研究领域，有自己的理论目标、研究方法和研究范围。由此，哲学成为一个技术性、专业性的学科，若非以此为专业，即使是受过高等教育者也不能企及。例如，麦考利爵士就曾抱怨说，他能够读懂柏拉图、笛卡尔和休谟，却读不懂康德的《纯粹理性批判》(按照理查德·罗蒂的观点，这本书是每一个哲学家的必读之作)。

因此，我们有理由追问，福柯能否称得上是现代康德意义上的哲学家？官方的标准告诉我们，福柯至少接受过作为这个意义上的哲学家的相关训练并被授予了证书。但他的作品是否推动了现代(康德式)哲学研究的发展？

在此，让我们把目光转向福柯讨论康德和现代哲学的一篇文章，这篇题为“什么是启蒙？”的文章发表于1984年，即福柯去世那年。像典型的福柯风格那样，这篇文章并没有将康德的主要作品如三大批判作为研究的对象，而是选择了一篇较短的论说文章，认为它“或许是一个次要文本”[《福柯主要作品集》(卷三)，第303页]，康德恰巧把这篇文章也命名为“什么是启蒙？”。文章一开始，福柯就暗示，可以把现代哲学定义为一系列回答康德问题的尝试：什么是启蒙？

可是，这个问题究竟意味着什么？启蒙运动是具有鲜明现代特征的运动，旨在利用理性使人类从传统权威——包括智性的、宗教的和政治的权威——的束缚中解放出来。康德在文章中指出，启蒙的意义在于通过敢于自己去思考(sapere aude)、拒

图8　伊曼纽尔·康德

绝接受其他权威来克服我们的"不成熟"。福柯总结了康德所用的三个例子:"如果一本书代替了我们的理解,如果一个精神导师取代了我们的良知,如果一名医生替我们决定了饮食,我们就处于'不成熟'状态。"[《福柯主要作品集》(卷三),第305页]

自己思考意味着运用理性:"事实上,在康德的阐述中,启蒙就是人类拒绝服从任何权威、利用自己的理性进行思考的时刻。"康德将自己对理性的批判研究视为启蒙发生的必要前提:"正是在这个关头批判显得尤为必要,因为它要界定出理性的运用在何种条件下才具有合法性"[《福柯主要作品集》(卷三),第308页];也就是说,界定出那些限制着如何合理运用理性的条件。例如,在他的第一大批判里,康德的理论推理不能应用于宇宙起源、灵魂不灭等"终极问题"。

但福柯认为,康德论述启蒙的独特之处——也是其重要性所在——不在于他对理性的细致批判,而在于他对"自己哲学研究的当代地位"的反思之举[《福柯主要作品集》(卷三),第309页]。这也不是当代哲学如何在历史的整体结构中找到自身位置的问题(例如,是作为一个崭新未来的先声还是作为一个黄金时代逐渐逝去的垂暮之音),这个问题只是使我们当前的哲学研究方法有别于前人的做法。福柯认为,康德的反思是一项崭新的发展、重大的进步:把哲学研究的焦点从那些周而复始的问题转向我们当前状况的独特之处。

那么,我们当前的形势究竟有何特点呢?为了回答这个问题,福柯把他的讨论从康德的启蒙转向了波德莱尔的现代性。从某种意义上来说,这只是用另一套词汇来继续讨论同一个问题——因为启蒙是典型的现代运动,同时引入了新的例证,从康德的道德政治视角转向了波德莱尔的美学。但这一转变其实反映出在福柯看来我们当下的处境和康德处境的关键性区别。我们的(也就是波德莱尔的)现代性是从康德的启蒙发展而来的,但这一发展实质上已经对启蒙进行了改造。正如康德(在《什么是启蒙?》中)提出了他的处境如何有别于前人这样的问题,福柯的问题是,他的处境如何有别于康德。

想要解决这个问题,我们首先不能因循康德的思想,即对理性的批判可以揭示根本性的、普遍的(先验)真理,这些真理标志着人类经验和思想的界限。根据福柯的解读,现代性对于波德莱尔来说是一种态度,要在当下发现具有"永恒"价值的事物,同时努力"通过掌握其本质要义而不是通过破坏"来改造它。"波德莱尔的现代性是一种操练行为。在这种操练中,对真实性的极度关注遭遇了一种既尊重又违反真实性的大胆做法。"[《福柯主要作品集》(卷三),第311页]这里,我们可以想象一下库尔贝再现世俗场景时那种微妙的准确性,他的再现既保持了这一时刻又改造了它。此外,这种现代性的改造计划首先是对自我的改造:

> 做现代人就不能接受自己在流逝的时间之流中的身份;而应该把自己视做一个复杂、艰难的阐述对象……就波德莱尔而言,现代人不是去发现自我、发现关于自己的秘密和隐秘真相的人;现代人是那个努力创造自己的人。
>
> [《福柯主要作品集》(卷三),第311页]

很显然,福柯并未全盘接受波德莱尔所绘制的现代性图景;例如,波德莱尔从丹蒂(dandy)的反自然优雅来理解自我改造,又比如他断言现代运动只是美学运动,不能在政治和社会层面上展开。但福柯的确吸收了一种总体的现代"特质",他说,这种特质不存在于任何的学说或信条中,而是存在于对我们的历史时代的一种批判态度或倾向中。并且,和波德莱尔相同,这种倾向性指向对当前自我的改造。

至此,我们可以回到前文讨论的福柯和康德哲学研究的关系问题。福柯接受批评所指向的总体启蒙目标,但他颠倒了康德理论中对立的两极:

> 诚然,批判包括分析界限并对其进行反思。但是,如果康德的问题在于认知(savior)哪些界限是知识(connaissance)所无望超越的,在我看来,现今的批判性问题就必须转变为一个建设性的问题:在我们所接收的具有普遍、必然和强制特征的事物当中,那些异常因素、偶然事件和任意约束因素的产物究竟占何种地位?
>
> [《福柯主要作品集》(卷三),第315页]

这段重要的论述告诉我们,福柯最终把自己的研究定位为一种哲学批评。用康德的术语来说,它是**批判性的**(仔细审视那些关于我们知识的范围和界限的假定),但和康德的研究不同,它不是**先验的**。这就是说,福柯的研究并不声称是要揭示获取知识的必要条件,这些条件决定着我们在什么范畴之内体验并思考世界和我们自身。相反,福柯的批评审视的是那些必然性的断言,目的是通过展示它们的历史偶然性来削弱它们成立的基础。谈到他早期关于研究方法的讨论,福柯指出,他的研究"不是先验式的",而是"采用考古学的方法去完成系谱学式的研究计划"。研究的方法是"考古学而非先验的,意即他的研究目标不是要找出所有知识(connaissance)或者所有可能的道德行为的一般结构,而是要把那些表述了我们的思想、言语、行为的话语实例作为历史事件来对待"[《福柯主要作品集》(卷三),315]。同样,福柯的研究计划之所以是系谱学的,原因在于他的研究不是为了发现"哪些是我们不可能做、不可能知道的",而是要揭示"不再像我们现在这样存在、行动和思考的可能性"[《福柯主要作品集》(卷三),第315—316页]

因此,根据界定了现代哲学概念的康德词汇,福柯的哲学家身份就表现在他对哲学研究应具有总体的批判倾向这一观点的认同。但福柯和康德志趣不同,康德以及大多数现代哲学家们志在建立一个哲学真理的特殊领域,从而界定我们思想、体验和行为的必要条件。福柯则不同。例如,福柯对本质的现象学直觉体验不感兴趣,也无意于找到语言学分析所要寻找的必要和充分条件。他的兴趣在于揭示一些直觉体验或者语言分析很可能认为并不存在的可能性。福柯没有必要否认的是,现象学或者语言学分析或许会揭示一些具有本真必然性的普遍真理。但他的哲学研究不是为了揭示这些真理,而是要揭示那些戴着必然性面具的偶然性。此外,正如我们所看到的,他使用的方法——无论是考古学还是系谱学——都是历史研究方法,而非先验性的哲学分析方法。用康德式的词汇来说,称福柯是哲学家,那只是鉴于他对批判的一般性介入,而不是说他对自己的批判努力的特定理解,也不是说他将这种努力付诸实践的方法。

因此,我们很可能会下这样的结论:福柯不是任何实质意义上的哲学家——但我们不能忘记,自康德起,哲学就开始了对自身研究计划的持续批判。从德国的唯心论到分析哲学,多数情况下，哲学研究是宽泛的康德式研究。和尼采一样，福柯把批判推向极致，因为他拒绝接受哲学是一系列自治的真理这样的假说。然而，倘若这种批判倾向得以延续并最终获得胜利，福柯就很可能会作为一种新型哲学的创立者而饱受赞誉。如果说“某人是哲学家吗？”这一问题的答案取决于未来哲学史的发展，福柯一定不会感到不悦。

不管我们怎样为福柯归类，可以肯定的是，福柯的确具有一定的哲学背景，他的作品也经常触及哲学论题。对于自己的哲学背景，福柯曾作过简洁的表述：“我属于那样一代人，我们在学生时代眼前是由马克思主义、现象学以及存在主义所构成的地平线，我们的眼界也由此受到局限。”（《死亡与迷宫：雷蒙·鲁塞尔的世界》，访谈录，第174页）我们已经了解福柯早年对马克思主义的失望，而他和现象学及存在主义的联系相对而言更为持久，也更加复杂。福柯曾经师从梅洛-庞蒂，也做过让·伊波利特的学生：前者和萨特一样是征用胡塞尔现象学的法国存在主义者中的领军人物，而后者曾执笔一本重要的对黑格尔进行存在主义解读的作品。青年时期的福柯也受到海德格尔《存在与时间》的重要影响，正如我们在第三章所见，那时的福柯对路德维希·宾斯万格的海德格尔式存在主义精神病学（Daseinanalysis）尤其感兴趣。

无论福柯早年对存在主义现象学的热衷是什么性质，毫无疑问，他很快就觉得现象学叙述的主观立场有很多不足。但他究竟沿着怎样的轨迹实现了对存在主义现象学的疏离，这一点尚不明确。总体看来，20世纪60年代，当所谓的“结构主义”思潮蔚为壮观、大行其道之时，现象学逐步式微。这股新的思潮有诸多完善程度各异的理论观点，其共同之处在于，不同于现象学对生活体验的描述，它们解释人类社会的现象时着眼于潜在的无意识结构。这些理论包括索绪尔的语言学、拉康的心理分析、罗兰·巴特的文学批评、克劳德·列维-施特劳斯的人类学以及乔治·杜梅齐尔对古代宗教结构的比较研究。福柯一贯否认自己是结构主义者，并且嘲讽一些趣味平平的学术媒体把自己归入结构主义流派的做法。(在《临床医学的诞生》一书中，他曾多次谈到自己采取的是结构主义的研究方法，但在随后付印之时又特意将"结构主义"一词删除。)既然结构主义公然宣称自己是非历史(共时性而非历时性)的研究，无怪乎福柯要与之划清界限。但是，福柯的考古学显然和结构主义理论有契合之处(他也曾专门强调杜梅齐尔的作品对他的研究的重要性)；同时，他指出，较之于结构主义，现象学对语言和无意识所作描述的不足是导致其衰落的重要原因。

然而，福柯思想中的一些更明显的特点也使他与现象学相去甚远。例如，福柯强调先锋派文学中作者以及心理主体中心位置的消解具有重要意义，认为阅读尼采(指1953年前后，他受到巴塔耶和布朗肖的启发开始阅读尼采，而尼采的作品在当时的法国尚未盛行)对于他脱离以主体为中心的哲学理论起着重要作用［访谈录，"结构主义和后结构主义"，《福柯主要作品集》(卷二)，第439页］。然而，最为重要的因素还是他对法国历史和科学哲学，尤其是乔治·康吉兰的研究的涉猎，要知道，康吉兰是福柯疯癫史论文的正式指导老师。

按照福柯自己的说法，康吉兰(以及他在索邦大学的前任加斯东·巴什拉)代表了一种与现象学截然不同的思维模式，这种思维强调驱动人类思想发展的是概念的逻辑而非生活体验。康吉兰的学生们——福柯显然把自己视为其中之一——摈弃

图9 加斯东·巴什拉

现象学的“经验哲学”而接受了康吉兰的“概念哲学”。在20世纪60年代,康吉兰的概念史为福柯的考古学提供了重要的参考模式。多年以后，在一篇探讨康吉兰的文章［“生命：体验和科学”,《福柯主要作品集》(卷二),第465—478页］中,福柯勾勒出经验的一个生物性概念,以此取代现象学中以主体为中心的生活体验(vécu)。

但是至少对福柯而言,巴什拉和康吉兰的思想传统提供了一种可以取代现象学而不只是对它进行哲学批判的研究方法。要想找到福柯对现象学的哲学批判,我们就得把目光转向福柯在《事物的秩序》中对现代思想的研究。这本书的终极目标是要理解奠定现代社会科学之基础的考古学框架(即知识型),但由于福柯认为该框架是被“人”这一哲学概念——尤其是和康德思想相联系的“人”的概念——所主导,他的讨论也就包含了对现代哲学的批判。

自笛卡尔始,现代哲学的首要问题就是我们的表述(经验、观念)是否能准确地再现我们意识之外的世界。例如,笛卡尔就曾经发问，我们怎么能知道我们的观念和存在于我们之外、具有空间和时间维度的事物相对应?而休谟的问题是,我们如何确定我们对观念之间常规联系的经验(例如,太阳每天都会升起)和现实中的必然联系相对应?在康德之前,没有人能找到令人信服的答案(尽管有过类似休谟所提出的那种很有说服力的暗示,认为这些问题本身不需要答案)。

康德代表了一个重要的转折点，因为他对再现的可能性也进行了反思,不仅追问我们对世界的表述是否真实,而且质疑我们怎么可能对任何事物进行再现(无论准确与否)。康德坚信,这一转变之所以是关键性的,是因为对新的问题的回答可以为回答原来的问题提供一种思路。他特别指出,无论对什么对象,只有在一定条件下,再现才成为可能,例如,要求该对象存在于一定的空间和时间当中且是因果规律网络的组成部分。根据这种观点(康德称之为"先验演绎"),我们经验的对象必须存在于一定的空间和时间，同时受到必要的因果规律的制约,否则它们就不可能成为经验的对象。一方面,我们所认识的世界只是局限于我们的体验(现象的世界),而不是世界本身(本质的世界)。另一方面,这种局限性又使我们有可能对世界有客观的认识。

康德的知识观要求人类具备特殊的双重身份。一方面,我们是使认识世界成为可能的必要条件之源:作为"经验"领域知识的源头,我们是属于"先验"领域的存在。但同时,我们自己又是可知的(不仅可以通过经验,还可以通过社会科学获得关于我们的知识),因此属于经验领域的认知对象。福柯用"人"一词来指涉拥有该特定双重身份的人类(他把人称做"经验—先验双重复合体")。他认为,在这种意义上,在18世纪末之前不存在人的概念。于是,他极富戏剧性地宣称,在19世纪之前,"**人**不存在"(《事物的秩序》,第308页)。

在福柯的现代哲学史中,人是一个核心问题,其难点在于,如何理解一个单个、统一的存在既是认知可能性的先验源头又是认知的对象。《事物的秩序》一书的第九章纵贯20世纪哲学的主要发展阶段——尤其是胡塞尔、萨特和梅洛-庞蒂的现象学,认为这些哲学发展无一能提出一种关于"人"的连贯观念。各种学说基本都涉及不合理的简化:要么是把经验领域简化为先验领域(如胡塞尔),要么是把先验简单地归入经验范畴(如梅洛-庞蒂)。

这一章是思想成熟期的福柯最接近标准的康德式哲学话语的论述。它读上去像是——正如我的体会一样——福柯在试图证明,现代哲学中所有对“人”的阐释(作为经验—先验双重复合体)都陷入了不连贯的泥淖。但这样的解读——尽管看似符合福柯的写作意图——背离了《事物的秩序》一书总体的考古学规划,因为在这里,福柯的讨论对象是观念的历史,即一系列作为个体的思想者试图解决同一个问题的经历,而不是针对支撑该历史的无意识结构的考古学研究。进一步说,作为一段观念史, 它只能告诉我们某些哲学家没能解决他们的问题,而不能指出他们之所以没能解决问题的根本原因(很可能是考古学层面上的)。然而,如果我们把福柯的描述重新解释为真正的考古学论述,那么,“人”的概念显见的不连贯性只是说明我们的思维脱离了现代认知模式的指引,其结果就是,我们像博尔赫斯的中国百科全书的读者那样,感到“完全不可能**那样**思考”。无论在哪种情况下,福柯都没能为支持或反对标准哲学的立场提供充分的理由。按照他自己的说法,这也不足为奇,因为提供这样的理由即要求福柯进入现代的知识型(康德意义上的哲学框架)本身,由此放弃他的考古学方法所要求保持的历史距离。笔者由此认为,即使是在他看似最哲学的时刻,福柯仍然没有参与后康德时代的现代哲学论争。

然而,还有一种进一步的可能性,《事物的秩序》一书的某些读者显然曾动心于这种可能性,即福柯或许像海德格尔那样试图开拓一条新的哲学思路,这条新的思路会带领我们走出现代的知识型。《事物的秩序》一书显然有海德格尔式的思维元素。其中最突出的就是对再现以及经验哲学的批判,这也正是《存在与时间》的一大主题;并且,如果福柯暗示说海德格尔自己也未能逃出再现主义者的图景，这只是标准的海德格尔式批判——对哲学导师的批判。同时，书中也谈到语言和存在的关系问题，这无疑是受到海德格尔晚期作品的启发："语言和存在有何关系？语言真的是针对存在进行言说吗？"(《事物的秩序》，第306页)。开篇和结尾处对"人"这一观念的诘难似乎暗示我们正走向一个"人文精神"即将消亡的时代，这似乎是有意要使福柯更加接近海德格尔，因为海德格尔也曾在"关于人文精神的通信"中对萨特进行诘难。

然而，正是《事物的秩序》中体现的海德格尔式特征使此书不同于福柯的其他作品。这部作品中的哲学主题最为鲜明，同时关于伦理、政治的讨论也最少——对伦理政治的关注一向是福柯"关于现在的历史"的标志性特点。虽然福柯把这本书作为关于社会科学的考古学来写，但书中的分析很难与支配系统发生关联，而福柯后期的作品显示，社会科学和这样的系统密不可分。也许"人"这一观念的确是对我们思维的随意约束，但我们也没有感觉到，对这个概念的超越在显示智性活动的自由度之外还有其他意义。还值得记住的是，《事物的秩序》中大部分内容——尤其是大量关于科学思维模式的细致分析——并非海德格尔式论说。但是既然这本书被视为海德格尔式作品，它就表明福柯的其他作品并非如此。

第七章

疯癫

我不疯癫就不会去研究理智，我不理智就不会去研究疯癫。

对我们而言，“疯癫”和“精神病”同义。我们也清楚，那些不停向陌生人骂脏话且不能自已的人，或认为自己的牙缝填补剂能够接受冥王星发来的无线电信号的人，并不一直都被视为有病。人们曾说他们神灵附体，鬼怪上身，或者就是一种亚人类的动物。但我们认为，对疯癫所持的其他观点如果不是恶意的，那就是无知的体现；在现代人发现疯癫是精神疾病后，疯癫者再也得不到任何对其智性的尊重了。

标准的精神病史把这种观点奉为经典。在法国革命期间，菲利普·皮内尔反对把疯人像动物一样戴上锁链，他去了庇塞特的疯人院释放他们。在那里，他遭遇了共和政府的狂热分子库通的反对。福柯引用了这件轶事，明显带有讽刺的语气：

(库通)转向皮内尔，说道：“现在，公民，你是不是自己也疯了，要来释放这些野兽？”皮内尔镇定地答道：“公民，我相信这些疯人之所以这么不听话，只是因为他们被剥夺了呼吸空气和享受自由的权利。”“嗯，你想怎么干就怎么干吧，但我担心你会成为自己妄断的受害者。”接着，库通上了马车……每个人都又自由呼吸了；这位伟大的慈善家立即着手工作了。

（引自《疯癫与文明》，第 242 页）

此外还有关于塞缪尔·图克的类似故事，图克在与此同一时期的英国建立了贵格教会的精神病院（“疗养所”）。这些故事都把主角描述为勇敢且富有同情心的人，对于启蒙思想下显出的这种疾病，他们拒绝迷信说法，更愿意采纳有科学依据的处理方式。但是，福柯坚持认为，“真相与此相去甚远”（《疯癫与文明》，第 243 页）。

例如，图克的行为就有其宗教和伦理的动机，而不是为了科学。“疗养所”把疯人从锁链的束缚和肉体的虐待中解放出来，把他们置于宁静的环境中。但在这里，他们的任何偏离规范的行为都受到了严格的监控。这种治疗方法就是让疯人“觉得自己对自己身上任何可能影响伦理和干预社会之处都有道德上的责任，并且只有自己有责任”（《疯癫与文明》，第 246 页）。结论是，“图克创建了一种疯人院，在此，让责任压得喘不过气来的痛苦替代了对疯狂的肆意恐怖”（《疯癫与文明》，第247页）。

图克治疗法的典型例子就是其著名的“茶会”，即“按英国礼仪进行的社交活动”——福柯如是说。在这里，疯人是“疗养所”主管及员工的客人，他们（此处福柯引用了图克的原话）“相互竞争，看谁更礼貌、更得体”。了不起的是，“傍晚通常在极其和谐、快乐的气氛中度过……其情形既有点奇怪，又让人觉得情感上很愉悦”（《疯癫与文明》，第 249 页）。但是，福柯对这些场景有着完全不同的解读：“疯人不得不在理智凝视的双

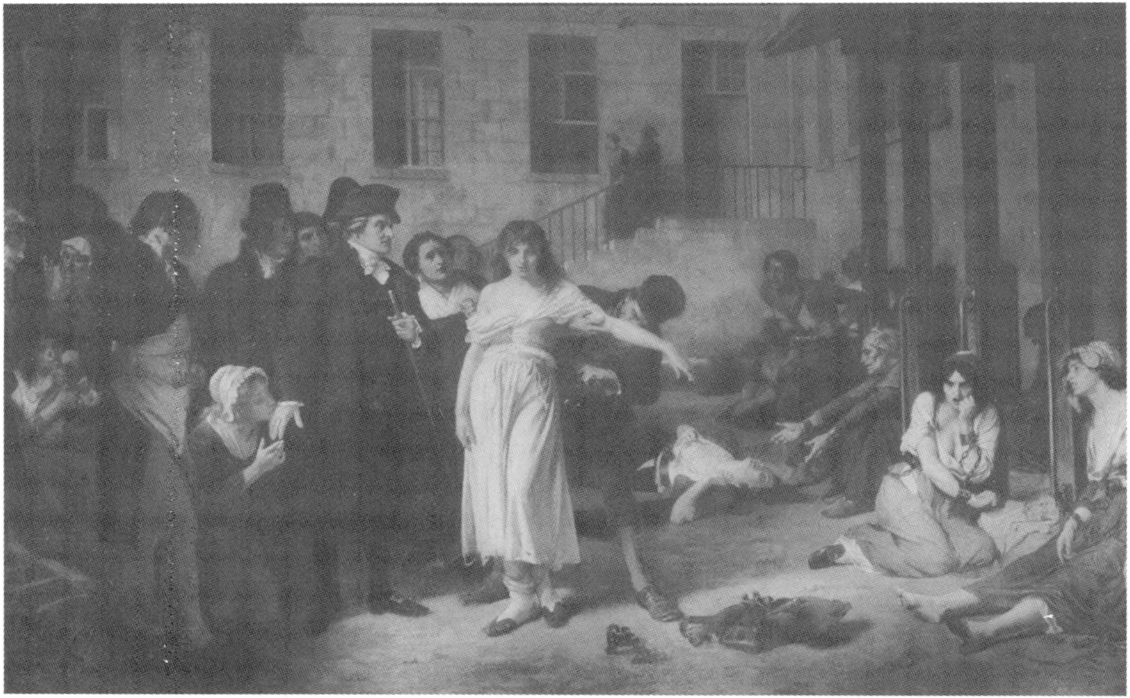

图 10 《皮内尔解放疯人》(1876)，托尼·罗伯特–弗勒里油画作品

眼中把自己对象化为完美的陌生人，也就是说，成为一个抑制自身陌生因素不使其表现出来的人。理性之城只在他们满足了此项要求并且自愿接受无名无姓的前提下欢迎他们。”（《疯癫与文明》，第 249—250 页）

福柯抵制把图克和皮内尔描述为人道主义者的形象，因为他拒斥他们所持有的“人性”蕴涵了现代资产阶级社会价值观的观点：“现在，疯人院必须再现社会道德的伟大延续。有关家庭和工作的价值观、所有被认可的美德现已主导疯人院”（《疯癫与文明》，第 257 页），福柯坚称，疯人院“不是观察、诊断与治疗的自由王国，而是人受到控告、审理、定罪的审判场所”。疯癫者在此脱去了锁链，却又被“囚禁于道德世界”（《疯癫与文明》，第 269 页）。这里存在着“强有力的道德禁锢”，福柯讥讽道，“我们已经习惯称之为——无疑是相反意义上的——疯人的解放”（《疯癫与文明》，第 278 页）。

从福柯的讽刺中，我们完全可以看出某种不切实际却又弥足珍贵的东西。不管怎么说，疯人不是某一特定社会或道德体系的反叛者；他们在任何有意义的人类语境中都表现得极不正常。如果图克的茶会有助于控制本会见谁杀谁的精神病患者，那么，为什么要担心这样的茶会强化了资产阶级的伦理观？

福柯曾与疯人打过交道，应该知道精神病患者通常只是一个精神病患者，他本来一定会欢迎一种治疗方法，让患妄想症的杀人犯重回传统道德。然而，福柯的愤怒对准的是这样一种疯癫观，它不承认我们合乎常规的标准之外还存在任何有意义的其他做法，并将所有明显偏离这些标准的观点和行为界定为越出正轨。在福柯看来，疯癫作为一种普遍的现象应该被看做对常规状态的有价值的挑战，尽管疯狂有时会带来恐惧，面对这种恐惧时常规状态能让人感到宽心。

但从福柯的角度出发所作的这一反应假定，疯癫除了偏离正轨之外可能也具有某种意义。这真的可能吗？福柯说，如果我们不这样认为，那是因为从历史的角度来看，我们的文化看待疯癫的方式在起作用。他的《疯癫史》就反复论证了这一结论。

他首先对中世纪和文艺复兴时期的疯癫作了一个粗略但关键的回望。然后，他认为，那时的疯癫被看做人类不可或缺的现象。疯癫与理性相对，但作为人类存在的另一类模式，它不是对理性的简单拒斥。因此，疯癫（即使遭到蔑视与憎恨）是对理性的有意义的挑战。它能与理性进行具有讽刺意味的对话（如伊拉斯谟的《愚人颂》），或者占据人类经验与真知的某一不为理性所知的领域（正如博斯的画作或者莎士比亚的悲剧）。不管在何种情况下，关键之处都是：在我们的文化对人类可能性的认识中，疯癫曾在历史上起到了举足轻重的作用。

这种对疯癫的有价值的认识终止于17世纪中期左右，那也是法国人所称的古典时代的肇始期。与中世纪和文艺复兴时期的观点相左，古典时代把疯癫看做对人类理性特征的单纯否定。疯癫被当做非理性（déraison），完全陷入了没有人类意义的动物性之中。相应的，疯人就**在观念上被排除**在人类世界之外。因此，比方说，笛卡尔在《第一哲学沉思集》中把一系列的可能性作为怀疑自身想法的理由：感观可能具有欺骗性；他可能在做梦；甚至有可能有一位无所不能的恶魔专门在每一关键时刻欺骗他。但是福柯声称（《古典时代疯狂史》，第56—58页），有一种可能性让笛卡尔犹豫不前。笛卡尔曾暗示说，他的想法可能不可靠，因为他很像那些自认为是南瓜脑袋或玻璃脑袋的人；但他此后立即否决了这一可能性："但他们是疯子，如果我有时认为自己像他们，那么我自己也疯了。”(《第一哲学沉思集》)(福柯和雅克·德里达曾就这段话的阐释产生过激烈的争辩。)

与从观念上把疯人排除在外的做法相关的是形体上的排斥，即通过把疯人关入疯人院，让其与常人的生活隔离开来。这一点在法国 1656 年的“大禁闭”中得到最为明显的展现。当时，短短数月之内，巴黎超过 1% 的人口被迫住进了“总医院”分散在各处的分部中。(其中的一个分部是萨彼里埃，现在已经成为一家现代化的医院；最最讽刺的是，1984 年福柯自己就死在这里。)但是福柯强调，类似的禁闭行为在整个欧洲到处都有。

在观念与形体上把疯人排除在外也表达了一种道德上的谴责。然而，这不是普通的道德缺陷，比如人类社会的成员违背了某条基本的道德规范。疯癫是激进地选择了完全拒斥人性和人类社会、选择了一种纯粹(非人性的)动物性的生活。以古典主义的观点看来，疯子的动物性在其受控于激情这一现象中得到体现，激情的操控使得他们精神错乱，误把虚幻当成现实。激情式的谵妄将疯人与理智之光隔开，让其陷入根本性的盲目之中。

现代对疯癫的治疗观与古典主义的观点大相径庭，福柯后来把两者的巨大差别称为知识或话语结构的转变。疯人回归了人类社会，不再是人类界限以外的动物。但是，在这一社会中，疯人现在成为违反道德的人(触犯了特定社会规范的人)，他们应为自身的病态怀有负罪感，应觉得需要改变自身的态度和行为。相应的，现代典型的治疗疯人的模式是不仅孤立他们，而且让他们接受道德化疗法。而且，从古典时代监护性的囚禁到现代治疗性的精神病院，这种转变依然拒绝把疯癫看做一种对人类的重大挑战。

现代精神病学在伦理上已公开宣称是中立的，它们治疗的病症并非病人之过，所以有人因皮内尔和图克的明确道德取向而否认他们作为现代精神病学之父的地位，而我们可能会反对这种看法。在早期的道德疗法和后期对疯癫的医学化疗法之间确实存在着显著差别吗？福柯的回应是，精神病院中道德主宰地位的最显著特征是"把医务人员奉若神明"（《疯癫与文明》，第269页）。我们相信疯人只不过是"精神上生病了"，因此认为医生不可避免地应该掌控对他们的治疗。但是福柯宣称，精神病院的规则从来都不是医疗性质的，而是掌握在道德权威手中。医生具有权威，并不是因为他们掌握了治疗疾病的知识（这最多不过是巧合），而是因为他们代表了社会的道德要求。这一点在当今的精神病治疗中十分显著。它徒具医学的外表，但治疗的核心依然是治疗师个人的道德权威，治疗师是体现社会价值的工具。由此，他扮演着如精神分析治疗中的移情那样的核心角色。

只要我们坚持把疯癫被认同为心理疾病的过程看做一个客观、科学的发现，那么福柯的说法就显得难以置信。然而，他所写的历史却暗示，与此相反，一旦摈弃了明确的道德疗法这一观念，把疯癫认同为精神疾病便只是精神病院中医生权威地位合法化的一种手段。医生在精神病院逐渐掌权这一事实最初跟他们的医疗专业水准关系不大。图克和皮内尔建议的道德疗法本质上并不是医学性质的，任何具有道德权威的人都可以实施这一治疗。然而，随着19世纪的展开，医学被客观的、价值无涉的知识这一观念所主宰，带有价值取向的道德疗法就没有了存在的空间。把疯癫作为一种明显的精神上的疾病，这一观点的引入主要是为了让医生对疯癫者的权威保持合理化，而不是因为它是科学真理或者在治疗上取得了成功。

然而，即使当代精神病学不符合它有时所宣称的科学的客观性，我们还是可能会问它是否真的无法实现与疯癫者之间有意义的互动。难道心理分析不是一个明显的反证，因为它使病人免受精神病院的局限且真正在倾听他们的声音？福柯认同以下观点：弗洛伊德去除了精神病院的大多数特征，仅保留了医生与病人的核心关系。但是，正如我们所看到的，这种关系是现代社会压制疯癫者的关键所在。而且，在福柯看来，弗洛伊德"放大了……医疗人员"的"仙术"，赋予其"半仙的地位"(《疯癫与文明》，第 277 页)。在分析师的身上，弗洛伊德"集中了……疯人院……所有的权力"(《疯癫与文明》，第 277—278 页)。分析师的确倾听病人的声音，但在病床之后却又悄无声息地把它转换为"绝对的**观察事实**、纯粹且慎重的**沉默**，成为一个通过评判施以惩罚或奖赏的**判官**，其评判甚至不俯就语言"。结果是，心理分析法"未曾也不会听到非理性的声音"。它在某些病例中是有效的，但最终"仍旧是非理性王国的陌生人"(《疯癫与文明》，第 278 页)。

但是，如果疯癫已遭禁音，福柯又怎么会对疯癫的声音着迷——他显然对此如此入迷？原因可追溯到 18 世纪末以来疯癫自我展示的唯一方式："在诸如荷尔德林、内瓦尔、尼采、阿尔托等人作品的惊雷闪电之中"(《疯癫与文明》，第 278 页)，他们都是前两个世纪伟大的疯人艺术家。我们早就注意到疯人艺术家的主题与福柯对先锋派艺术的兴趣之间存在关联。在两种情况下，他都认为对理性极限的探索将会展现从理智的途径无法企及的真理。

这一思想映射了《疯癫史》中普遍存在的张力，这一张力尤其在该书的开头与结尾处得以爆发出来。在序言(第二版没有收录)和结论中,福柯暗示他所写的是主观属格而非客观属格意义上的"疯癫"史;换言之,他在某种意义上是从疯人自身的立场来写作的,而不仅仅是展示神智正常者感受到的疯人。事实上,序言和结论之间的六百页几乎完全是在讨论后一种感知。但是,我们不应该让这种量上的不平衡掩盖了"自在的疯癫"是该书的核心论述这一事实。

福柯坚持这一论述是因为,他在这一阶段正以写作来反对启蒙运动。与霍克海默和阿多诺(在他们约二十年前所写的《启蒙辩证法》中)一样,他意识到本欲用来解放我们的理性本身也成为主宰我们的主要工具。他所用的修辞极具讽刺意味,是对理性之虚伪性的最直接的攻击;他把疯人作为主角,其目的就是要创建理性体系的替代形式。这一替代形式就是疯人所经历的、疯人艺术家的作品所表现出的非理性的越界经验。

这一研究动向的问题是"经验"的不足,而经验正是它的立论之处。正如福柯自己在《知识考古学》开篇的简短自我批评中所说,"通常来说,(《疯癫史》)赋予了我所谓的'经验'太高、太神秘的地位,由此显示在多大程度上我们倾向于承认存在一个匿名但普遍的经验主体"(《知识考古学》,第16页)。在笔者看来——我也不必佯装这就是福柯心中所想——这一不足至少具有三层含义。首先,这里有康德哲学的核心真理:经验,仅仅就是经验,必须遭遇作为世界的一部分且具有特定可理解性的某一对象。因此,如果一个经验不具有观念结构所赋予的特征,它就没有连贯的意义——观念结构界定理性的范围进而确定理智的规范。其次,所谓疯人所经历的经验可能是一个不具历史维度的常量,从一个时期到另一个时期保持不变地流传下来，不受那些改变人类世界的力量的影响。福柯强烈的历史意识不容许出现这样一种自治的经验。最后，即使这样的经验是可能的——这与前两点相反——它在根本上无固定形态、纯属越界的本质，也使其完全不足以成为有效反对统治机制的特定政治行动所需的基础。成功的行动需要明确的计划，这样的计划不可能立足于疯癫的松散爆发上。革命需要严格控制下的破坏行动，而不是无规则的惊雷闪电。

福柯也许从未完全从对这一非理性经验的痴迷中解放出来。但他最终认识到，这并不是对启蒙运动之理性的有意义的替代。这一思想在他拒绝"启蒙运动的敲诈"中表现出来["什么是启蒙？"，《福柯主要作品集》（卷三），第312页]，他将其理解为是在坚持"每人必须要么'赞成'、要么'反对'启蒙运动"[《福柯主要作品集》（卷三），第313页]。此处他已看出"启蒙运动"是"一系列的政治、经济、社会、机构和文化事件，我们在很大程度上仍旧依赖于它"，因而它"构成了我们分析中的例外领域"[《福柯主要作品集》（卷三），第312页]。从这一视角看，启蒙运动就像我们呼吸的空气——它是我们存在的内在组成部分，离我们太近因而无法成为我们的选择对象，不管是赞成还是反对的对象。相反，我们能够也必须通过"一系列尽可能准确的历史探究"[《福柯主要作品集》（卷三），第313页]与它互动。理性是我们自身的一部分，尽管对这一部分需要不断进行分析与评判。但是，我们也没有必要全面挑战理性，就像福柯在《疯癫史》中所预见的那样。

疯癫者的"声音"这一浪漫想法还能在我们与理性的抗争中占有一席之地，但仅仅作为一种笼统的提示：我们永不应该满足于现在对理性的运用。正如真理的观念被用于警示我们，即使“完全被证实的”主张可能最终也是错误的，疯癫这一观念同样也能提醒我们，目前被视为合理的有可能某一天会被证实为非理性的。然而，对于后期的福柯而言，这种十分笼统的警示在我们与理性的斗争中并没有特别大的意义，因为启蒙运动使理性成为我们历史命运的一部分。

前一章提及的讨论康吉兰的文章中，福柯提出了一个新的概念，这一概念提供了疯人经验所缺乏的具体性。这一概念即“错误”，它被认为是对我们认识背景中的规范的特定偏离。尽管“错误”通常被认为是完全负面的——作为追求真理的失败，但福柯指出，这种负面意义只是相对于对现实的特定概念化而言。从一个更为开阔的视角来看，一种知识体系中的错误可能会是提出另一知识体系的开创性真理。例如，哥白尼的地球绕太阳旋转的思想在亚里士多德和托勒密的天文学体系中就是完全负面意义上的错误，但它成为了 17 世纪新天文学体系的基石。从这种意义来看，知识本身必须被理解为错误的一种形式。

这种把知识看做错误的观念是一个与福柯早期对疯人越界经验（更宽泛地讲，先锋艺术）的领会旗鼓相当的具体且有效的思想。错误本身是一种越界，违反了我们的概念背景所设定的界限。它是疯癫之宇宙性闪电的局部化和世俗化版本。但是，错误在形而上层次的欠缺在它的历史有效性中得到了充分的补偿。正是因为错误代表了对特定规范的特定偏离，而不是笼统地反对规范性这一观念，它对我们所处的世界才施行了实际的改变，而没有从美学意义中逃离。最终，福柯使疯癫的狂喜从属于（创造性）错误的反讽式满足。

第八章

罪与罚

惩罚的权力从本质上来说与治疗和教育的权力无异。

1757年1月5日，四十二岁的罗贝尔·达米安突然手执尖刀冲向国王路易十五并刺伤了他。达米安曾在法国部队中服役。他被捕的时候毫不反抗，声称只是想吓唬一下国王，并不想杀他。但达米安还是被定了弑君罪(实即弑父罪，因为国王通常被视为臣民的父亲)，不到两个月后就被处决了。处决是公开进行的，场面残忍，吸引了大量的围观者。福柯在《规训与惩罚》开篇引用当时一位目击者的记述，再现了酷刑的细节，包括达米安如何被四马分尸。写完这次场面可怖的行刑之后，福柯未作只字评论即转向另一份大约八十年后出现的文献，一份1837年巴黎少年犯监管所的规章。该规章写道："犯人的作息日冬天从早上六点开始，夏天从早上五点开始。终年每天劳动九小时，学习两小时。作息日冬天至晚上九点结束，夏天至晚上八点结束。"(《规训与惩罚》，第6页)引述了这条规定和另外十一条类似的规定之后，福柯终于评论了一句："我们看到了一次公开行刑和一份作息时间表。"(《规训与惩罚》，第7页)

这里出现了两种范例性的惩罚模式：第一个例子发生于启

蒙运动后期，虽遭到相当多的批评，但它是18世纪中期之前欧洲惩罚囚犯的典型方式；第二个例子代表了一种新的、比较“温和”的惩罚方式，看似一种更加文明、更为人道的惩罚思路的产物。在福柯的论述中，第二种惩罚理念最终促成了他称之为“规训”的现代惩罚系统的完善。

那么，是否这一新的理念——笼统而言，就是以人身监禁代替肉体折磨的惩罚方式——就像它所表现出来的那般开化、进步？对此，福柯表示怀疑，认为关键之处“不在于减轻惩罚，而在于更好地惩罚”（《规训与惩罚》，第82页）。

福柯先将现代时期和前现代时期的惩罚思路作了比较，列举出四个大的转变：

1. 惩罚不再是一种公开表演或者景观，不再是君主不容违背的不可抗力的展示，而变成一种为了维持公共秩序而不得不实施的分散的、几乎令人难堪的限制行为。

2. 惩罚所针对的不再是犯人所犯的罪行，而是犯人本身；法律所关注的与其说是罪犯做过什么，倒不如说是导致他们这样做的因素（环境、遗传、父母的行为等）。

3. 那些依法量刑的法官们在决定惩罚的性质和期限上不再起决定性作用，取而代之的是各种“专家”（病理学家、社会工作者、假释委员会），由这些专家来决定如何判刑、如何具体实施刑罚。

4. 惩罚机制所宣称的目的不再是报复（无论是为了警示他人还是为了纯粹的正义），而是使罪犯接受改造、重新做人。

福柯并不否认废止肢解罪犯尸体的刑罚是一种进步。但是，这种“更加温和”的方式暗含了更加阴暗的一面，即一种全面控制的强烈意图。在一定层面上，这种阴暗面表现为从野蛮但分散的肉体惩罚转向减少疼痛但更具侵犯性的心理控制。前现代的惩罚粗暴地折磨罪犯的身体，但满足于通过痛感来实行报复；现代的惩罚要求罪犯发生内在的转变，要求其内心皈依于一种新的生活方式。但现代刑罚对心灵的控制本身就是一种更加隐晦却更为彻底的身体控制，因为改变心理态度和倾向的目的就在于控制身体的行为。用福柯的话来说，在现代时期，“心灵是身体的牢笼”(《规训与惩罚》，第30页)。

《规训与惩罚》最引人注目的论题是，原本用来约束罪犯的训诫手段已成为其他现代控制场所(学校、医院、工厂，等等)的范式，导致整个社会弥漫着狱规的力量。福柯说，我们生活在一个“监狱群岛”上。

例如，我们可以在新式的军事训练中发现现代规训控制体系的突出特点。这种训练的目的是使普通人愿意而且能够去杀敌。在前现代时期，练兵重在发现适合这种任务的对象——那些孔武有力、体格健壮又胆量过人的人，然后利用荣誉和恐惧的法则对他们进行普遍动员。与此不同，现代的士兵是经由高强度的专门训练造就的。尽管他们起初可能并不特别适合军事生涯，新兵训练营却使他们“成为”士兵。与模特儿或者演员这些要靠天生吸引力的职业不同，当兵的关键不在于看上去像个士兵，而在于确实去“做”一名士兵——这就需要进行系统的训练。

纪律训练的鲜明特点在于，首先，它的实现途径不是通过对整个身体的直接控制，而是通过对身体特定部位的细部控制。如果想教会士兵如何使用步枪，我们会把整个过程分解成几个有序的精确步骤。只把整个过程演示给他们看然后告诉他们“就照这样做”，这显然是不行的。训练的核心不仅在于达到目标，确保士兵会以这样或那样的方式做我们想让他们做的；关键在于，还要通过一套特定的程序来实现训练的目标。我们不仅希望你能对敌人开枪；我们还要求你这样握枪并举与肩平，这样瞄准，这样扣动扳机。一句话，这是一种微观管理。福柯对现代的规训体制作了总结，认为其目的是制造“驯顺的肉体”，那些肉体不仅会做我们让他们做的，而且以我们希望的方式去做(《规训与惩罚》，第 138 页)。

“驯顺的肉体”通常是三种典型现代规训方式的产物。其中，**层级监视**的方式建基于这样一个显见的事实，即我们能够仅仅通过监视来控制人们的行为。城墙上的瞭望台就是一个很好的例子。现代权力体系将监视的技巧提升到了新的高度。过去，建筑物往往是当权者特权地位的表现，突出他们身份的高贵(“宫殿的华丽”)，或是提供给他们一个监视下属和敌人的有利位置(“堡垒的构造”)(《规训与惩罚》，第 172 页)。现代的建筑结构满足普通人对建筑的功能性需要，与此同时，现代的建筑设计“使建筑物里的人清晰可见”。例如，报告厅中阶梯式排列的座位，那些有大窗户和宽走廊、光线充足的教室，这些设施在促进求知的同时，也使得教师们很容易看到教室里每个人的一举一动。类似的监视技巧也被用在医院的病房、军营以及工厂的工作间里，它们都是实例，表明“一个建筑物应该能够改造人：对居住其中的人产生影响，便于控制他们的行为，……有助于了解他们，改变他们”(《规训与惩罚》，第 172 页)。

对福柯而言，现代规训权力最理想的建筑形式是杰里米·边沁的全景敞视监狱，该建筑的设计理念是用最少的人力实现对犯人最大限度的控制。尽管接近这种构想的监狱直到20 世纪才最终出现，这种控制理念在现代社会已经逐步盛行起来。

图 11　全景敞视监狱造型，伊利诺伊州立监狱，1954 年

在这样的监狱里，每个犯人住在单独的一个囚室内，囚犯互相隔离，互相看不到对方。这些囚室环绕一个中心塔楼而建，塔楼中的监控者可以随时监视囚室内的情景。这里，控制的实现依靠的不是监视这一事实而是监视的可能性。事实上，监视者只会偶尔向某一间囚室看去，但住在囚室中的犯人不知道这种"偶尔"何时发生，所以必须假设自己总是在被监视。其结果是，我们"在被囚者身上造就了一种有意识的状态和持久的可见性，从而确保权力机制的自动运行"(《规训与惩罚》，第201页)。

现代规训控制的另一个鲜明特征是对**规范化评判**的兴趣。评判个人的标准不是他们行为本质上的正误，而是这些行为使他们在一个分等级的序列上处于什么位置，这个序列可以用来把个人和所有其他人进行比较。孩子们不能只是学会阅读，还要保证处在他们阅读小组的前五十名。一家餐馆只提供美食是不够的，它必须成为全城十个最好的餐饮场所之一。规范化的概念渗透到我们社会生活的方方面面。从正式层面上讲，我们为教育计划、医疗活动以及工业程序和产品制定了全国统一的标准；在非正式的意义上，我们总喜欢把从旅游景点到我们的体重甚至是性生活质量等各种事物按等级顺序列一个清单。

规范化评判是一种极具普遍性的控制方式。没有人能够逃避这种评判，因为无论你的成就有多高，评价的尺度都告诉你还有可能存在更高水平的成就。此外，所谓的"规范"把一些行为界定为"不正常"，由此将这些行为置于社会(甚至人类)所能接受的范围之外，尽管它们远非提倡前现代式暴力权力的公然越界行为。被评判为不正常的恐惧时刻约束着我们这些现代人。

图 12 福柯和演员们在电影《我，皮埃尔·里维尔》的拍摄现场

最后，审查把层级监视和规范化评判的技术合二为一。福柯说，这是“一种规范化的目光，它建立了个人的可视性，以此实现对个人的区别和评判”。作为现代权力／知识的重要作用场域，审查把“力量的部署和真理的确立”（《规训与惩罚》，第184页）融为一体。一方面，审查可以得出关于被审查者（包括病人、学生、求职者）的实情，同时，通过在审查中建立的规范可以控制被审查者的行为。

审查这种规训方式同时暴露了个人在现代权力／知识的网域中的新式地位。它将个人置于一个“书写的网络”中（《规训与惩罚》，第189页）。每项审查的结果都被记录成文，这些文献提供了关于被审查的个人的详细信息，由此允许权力机制实现对个人的控制（例如学校的缺勤记录、医院中病人的病历）。基于这些记录，掌权者可以确立类别、平均水平以及规范，为知识的产生打下基础。审查把个人变成了“实例”——体现了该词的两种意义：科学例证，同时又是关注的对象（当然，对福柯而言，关注即意味着控制）。这个过程也颠倒了可视性的两极。在前现代时期，权力的实施本身具有高度的能见性（如城镇中的驻军、公开行刑），那些认知的对象则隐身在暗处。然而，在现代社会，权力运作通常是不可见的，对目标的控制则通过使它们高度可见得以实现。现在，具有最高可见性的是那些厚厚的卷宗被保存并由大批匿名、不可见的公务人员审阅的人（罪犯、疯癫者）。

在某种层面上，《规训与惩罚》对于囚犯的意义相当于《疯癫史》对于疯癫者的意义。该书剖析了我们对边缘化群体采取的所谓人道主义措施，展示了这些举措独特的支配方式。和《疯癫史》不同的是，这本书的分析集中在对体制结构而非思想体系的追根溯源；这就是说，与其说它是考古学研究，倒不如说它是一项系谱学研究。但这一区别只是着重点方面的，因为我们看到，《规训与惩罚》的系谱其实建基于对监狱这一概念的考古学认识之上，而《疯癫史》也非常关注我们关于疯癫之认识的制度化后果。

《规训与惩罚》和福柯此前作品的最大不同之处在于，福柯在此书中提出监狱模式已经转移、渗入了现代社会的各个方面。因此，这本书不像《疯癫史》那样以一个我们（正常的社会）借以定义自己身份的具体的他者人群为关注中心。在这里，社会本身看似由众多受支配的他者组成，这其中不仅包括罪犯，也包括学生、病人、工厂工人、士兵以及购物者等等。我们每个人都以各种方式成为现代权力作用的对象。相应地，现代社会不存在单个的权力中心，也没有一个例外的"我们"作为定义边缘化的"他们"的标准。权力分散在社会各处，形成大量的微观中心。这种分散对应于权力演化的背后不存在任何目的论（没有统治阶级，没有所谓的世界历史进程）这一事实。现代权力是众多微小的、无组织的动因以系谱学的方式产生的偶然结果。

福柯所呈现的现代权力图景挑战了大多数革命运动，尤其是马克思主义运动的前提。这些运动通常把特定的群体和机构（如资产阶级、中央银行、军事高级指挥部、官方新闻媒体）作为控制的源头，声称对它们的破坏或改造能够带来解放。在前现代时代，权力被高度集中在宫廷和几个相关的机构手中，这样的革命运动能够取得胜利。那些马克思主义者就像是为一场逝去的战争制定作战计划的军事战略家；他们以法国大革命为榜样，试图在一个国王已经不存在的世界里砍掉国王的头。即使革命者占领了政府办公室、军事基地、官方报纸媒体，还是有不计其数的其他权力中心会抵制革命。福柯本人举了前苏联作为“经过易手的国家机器的例子，但这个国家机器控制之下的社会在等级、家庭生活、性和身体方面大抵和资本主义时代一样”(《权力 / 知识》，“地理学问题”，第73页)。革命所追求的根本性转变要求对国民生活的细枝末节进行集中控制。由此，我们看到了关于现代革命极权倾向的福柯式阐释。

这种分析似乎导致了一个极端保守的结论，即有意义的革命以及由此带来的真正的解放不可能存在：现代微观中心的权力网络唯一的替代方案就是极权统治。笔者认为，福柯应该会同意这是唯一可能的全球性替代模式。但是，福柯自己的结论不会是这种保守的绝望之声，而是对革命解放事业要求带来全球性变化这一假设的否定。对福柯而言，政治——甚至是革命的政治——总是地方性的。

然而，地方性经常会成为极端保守主义的避难所。尤其是考虑到福柯所说的压制的大众化——根据地方性的背景，我们都是受害者——他如何能避免把有效的革命运动消解于一系列永无休止的琐碎抗议之中？那些银行家、律师以及正教授们同样会抱怨自己受到了剥削(比如作为员工或者消费者)，他们的抗议之声和其他人的同样合理正当。然而，福柯在此可以借助**边缘的**这一概念，自20世纪70年代起，这个概念代替了视疯人为一种极端的他者的浪漫主义观念。和疯人不同，边缘化的群体或个人仍是现代社会名副其实的组成部分：他们说这个社会的语言(尽管可能带着口音)，接受很多通行的社会价值观念，起到重要的社会和经济作用。与此同时，和我们绝大多数人不同的是，他们永远处在社会的边缘地带。这种处境是出于以下一到两个原因：界定他们生活的或许是和主流社会相左的价值观念(例如同性恋者、非正规宗教的信仰者、来自非西方文化传统的移民），或者他们从属的群体的利益被主流群体有组织地压制了（如流动务工者、贫民窟学校的孩子、沿街拉客的妓女、监狱里的囚犯）。

和疯人不同的是，被边缘化的个人或群体的价值观对我们自己的价值观提出了有力的挑战，而在我们的社会中满足他们的需求似乎也不为过。因此，他们关切的事可以成为有效的政治行动的焦点。同时，这样的政治行动很可能是没有乌托邦式全球目标的真正革命。对我们而言，要真心真意地和疯癫者口称“我们”，就要求摧毁我们核心的价值观念和社会体制，但边缘者的权利和要求建立于对我们社会某些特征所作批评的基础之上，我们的社会可以不被推翻而得到改良。

边缘者的政治本身似乎是另一种边缘化的手段，因为在这种政治中“我们”主张替“他们”说话的权利。福柯明显察觉到了这种危险，他坚持认为政治行动应该为边缘群体成员提供说话和被聆听的机会。因此，在 20 世纪 70 年代初，他和同伴丹尼尔·德斐尔一起建立了“监狱情报团体”（简称为 GIP），利用福柯作为学术名流的地位吸引媒体对囚犯的关注，让他们有机会自己直接说话。

边缘性是认知学语境下“错误”的政治对应物，这一概念我们在前文谈到过。从政治的角度理解，错误当然不仅表示语言陈述的不实，还涵盖非语言学意义上的不适之举、导向错误的价值观念等意。笔者认为，福柯式的政治学就是努力使造成群体边缘化的“错误”和主流社会的“真理”进行创造性互动。倘若这种努力获得成功，这些边缘群体就不再是支配所指向的特定对象，而作为一个整体的社会本身也会因接受此前被拒斥为错误的事物而得到改造和丰富。

或许有人认为，我所说的“创造性互动”只是主流社会同化边缘群体的一个幌子，只会破坏他们最具特征的价值观念。但是，互动未必就会产生趋同式的同化，特别是如果在互动中边缘群体能获得被认真聆听的机会。另一方面，这里也会产生另一个问题，即是否值得或者在多大程度上值得与某一边缘群体进行互动。我们可能会认为某些边缘群体（如新纳粹主义或者一些天启式宗教流派）的需求和价值观念与我们的根本价值观念相冲突，我们对他们最多能做到容忍——这也是合情合理的。

最后，我们还面临这样一个难题：为什么我们的政治活动如此关注边缘群体？比方说，为什么不采取新保守主义的政策强化对主流价值观念的信奉，或者向别的社会推广我们的主流价值观念？对于与福柯一样认为自我批判和对他者的欣赏应该是我们的核心政治议题的自由主义者，这是一个关键问题。不幸的是，和约翰·罗尔斯这样的自由主义者不同，福柯对此鲜有回应。他自己的政治立场似乎只是源于他个人对不断的自我改造的倾心。他对边缘群体的关注也主要反映了他对困于某一固定身份的恐惧。在此，对福柯而言，政治从根本上是个人的。对于那些没有这种恐惧的人，福柯只能说——他曾在类似的语境下说过这句话——“我们来自不同的星球”（《快感的运用》，第7页）。

第九章

现代性经验

具有讽刺意味的……是让我们相信我们的“解放”尚无定论。

福柯是一个同性恋者，现代性史的写作对他来说一定是倾注了特殊的个人感情的一件事。福柯的传记作家透露，福柯在青少年时代因性取向遭了不少罪，因为20世纪40和50年代的法国社会大多以此为耻或为此感到愤怒。即使巴黎高等师范学院的总体氛围比较宽容，但对同性恋也不完全友善。福柯明确表示，他在瑞典工作的原因之一是希望找到一个对性的态度更加开放的环境，虽然这一愿望没有完全实现。尽管福柯性生活的具体情况仍旧笼统而不可知（难道不应该如此吗？），但是我们有足够理由认为，作为同性恋被边缘化的经历是他生活的一个重要组成部分。另一方面，他也像别人一样不愿接受“同性恋”的身份。从记录在册的资料来看，他极少以“同性恋者”的身份写作或讲话，而当他这样做的时候，例如在同性恋出版物对他的几次采访中，他对同性恋积极分子运动更多的是一个同情的旁观者，而不是投身其中的参与者。对他最具吸引力的是他眼中的同性恋者近来对新型的人类社区和身份的探索。

不管怎么说，同性恋只是福柯讨论性史时的众多话题之一。除了有一卷名为“性变态者”之外，他还有数卷讨论儿童、妇女和已婚夫妇。不仅如此，他对该项目的一个总述性的导论（唯一真正得以发表的那一卷）表明，正如在《规训与惩罚》中那样，他的研究将从边缘化群体扩展开来从而包括现代社会的任何一员。事实上，从一开始就很明显，福柯对性经验的研究正在拓展一个超越权力关系的维度。它正在成为一种历史，不仅是政治意义上而且也是心理和伦理意义上的主体塑造的历史。

然而，起点依旧是福柯对于现代权力的看法，这在《性经验史》的第一卷中得到明确的展现。因此，福柯最初对性经验的处理方式大体上是《规训与惩罚》中所用的系谱学研究方法的直接延伸。这一方法被用于研究多种关于性经验的现代知识体系（“性科学”），目的就是要显示这些体系与现代社会权力结构的紧密关联。福柯这部分讨论的重心在于他所称的“压制性假设”。这是一个寻常的假设，认为现代社会对于性的态度（始自18世纪，在维多利亚时代达到顶峰，至今仍具有重要影响力）主要是负面的；认为除了在一夫一妻制的狭窄空间内的性经验之外，其他性经验都遭到反对，发不出声音，并遭到最大程度的抹杀。

福柯并不否认压制的事实。维多利亚时代的确曾给女人束胸，审查文学，并开展声势浩大的反手淫运动。但他否认现代权力主要通过压制来施行，否认反对压制是抵制现代权力的有效手段。相反，他认为现代权力通过发明新的话语创造出新的性经验形式。例如，尽管同性性关系在整个人类史中都存在着，但同性恋者作为一个有其自身心理、生理甚至基因特征的独特群体，却是现代性科学的权力/知识体系创造出来的。

福柯指出，性压制是一个表面现象，远为重要的是17世纪以来性话题的“真正的话语爆炸”(《性经验史》第一卷:《概述》,第17页),尤其是反改革派在忏悔问题上的立法。忏悔者被要求以一种前所未闻的全面和独特的方式来“审察自己的良心”。仅仅说“我和我妻子以外的女人睡觉了”,这还不够;你得说睡过多少次,采取了什么样的性行为,这个女人自己是否已婚。仅仅报告外在的行为还不够。思想和欲望也同等重要,即使没有实施出来。但这种情况下光说“我想和我妻子以外的女人睡觉”也不够。你还得确定你是否老想着这事,是不是因此觉得愉悦——而不是立即打消了这个想法;如果你有此想法,是无意为之,还是“得到意志的完全批准”?所有这些因素都是告解神父需要考虑的,从而决定负罪的程度(例如,重罪还是轻罪)、确定适当的惩罚措施并提出改进道德的建议。对忏悔者来说,结果是对自身的认识越来越深、越来越准确,这是“自我阐释学”的成果,最大程度地展示了他们内心的性本能。然而福柯暗示,这种本性与其说是自我发现的,不如说是由规定的自我审察构建出来的。我的性身份取决于我被规定在忏悔中使用什么样的范畴。

现代性经验史的大部分内容,是由这些自我认知的宗教手段进行世俗化调整和扩张构成的。忏悔的对象可能不再是神父,但肯定有个医生、心理咨询师、挚友,或者至少是其本人。确定一个人性本能的可能性的范畴不是自选的,而是新兴的现代性科学“专家”权威认定的:弗洛伊德学派、克拉夫特—埃宾学派、哈夫洛克·埃利斯学派、玛格丽特·米德学派。这些专家把实际上只是行为的新社会规范的东西当做有关人性的新发现呈现出来。

当然,作为一种社会建构的性经验与作为生理真实的性别之间还是存在着差别。福柯并不否认存在着(比如)关于人类繁殖的不可否认的生理学事实。但他坚称,一旦我们从纯粹的生理学走向心理学、人类学等领域中那些具有不可避免的阐释性和规范性的范畴时,这种差别就不存在了。比方说,俄狄浦斯情结与资本主义有关家庭的意义假设与价值假设联系在一起;它不只是和受孕的生理过程相类似的事实。甚至于看似简单的生理事实,例如,男性与女性之间的差别,也可能具有规范性的社会意义。何秋兰·巴宾的例子即是一个明证。何秋兰·巴宾是19世纪的一个两性人,被当做女性抚养长大,但在二十多岁时接受了医生的仔细检查并被认定为事实上的男性,从此强迫她以男性的身份生活。福柯公开了巴宾三十岁自杀前所写的心酸的回忆录。

尽管福柯对压制性假设持批判态度,他却能够写出一部与监狱史旗鼓相当的性经验史。现代性科学规定了与权力/知识具有相似角色的性功能障碍的范畴(同性恋、女色情狂、恋物癖等),正如现代犯罪学定义了社会功能障碍的范畴(青少年犯罪、盗窃癖、吸毒、连环杀人等),这些范畴同时也是认识和控制相关"对象"的依据。福柯援引了茹伊的案例,茹伊是19世纪法国的一个略有智障的农夫,偶尔引诱村庄里的女孩和他进行福柯所说的"无害的拥抱"。无疑这样的事情在法国村庄里上演了数个世纪,但有人向政府当局告发了茹伊,当局于是让茹伊尝到了新兴的性科学的厉害。经过详细的法律和医学审查后,他被确认无罪,但仍旧被关进医院,整个后半辈子都成为了"医学和知识研究的纯粹对象"(《性经验史》第一卷:《概述》,第32页)。我们现在很多人都会为福柯对在我们看来可能算性骚扰的行为的漠视感到吃惊,但福柯无疑也会把我们的反应本身看做现代权力/知识体系在发挥作用的体现。

福柯计划的六卷《性经验史》中有三卷讨论特定的边缘群体：作为抑制手淫运动对象的儿童(《儿童的十字军东征》)；作为由性导致的歇斯底里症患者的女性(《歇斯底里的女性》)；被视为性行为“不正常”的同性恋及其他群体(《性变态者》)。所有这些人，正如《规训与惩罚》中的罪犯一样，都是由层级监视与规范性评判所建构和控制的。不仅如此，正如犯罪行为的例子所显示的，我们没有现实的可能性去消除甚或大幅减少目标行为，因此权力机制的实际功能只在于控制某些部分的人口。福柯计划中的第四卷是《马尔萨斯式的夫妇》，讨论的主题将是设计用来限制人口并提高其质量的多种权力结构。这也和在《规训与惩罚》中一样，很容易被视做规训力量向非边缘群体的扩展与延伸。

在《性经验史》导论的结尾章节，福柯似乎超越了性经验本身，提出了生物权力的概念，这一概念涵盖了所有针对作为在世生物的我们的现代权力形式，把我们作为不仅是正常性行为而且是正常生物行为规范的作用对象。生物权力关注的是“管理生命的工作”，是一个在两个层面运作的过程。在个体的层面，存在着“人类肉身的解剖学政治”；在社会群体层面，存在着“人口的生物政治学”(《性经验史》第一卷：《概述》，第139页)。第一层面是对《临床医学的诞生》中医学主要的认识论疗法的隐性补充，以此彰显了界定健康个体的医学规范的政治意义(广义，包括社会和经济等方面)。于是(比如)现代医学对于肥胖的观念与“胖人”这个边缘社会群体相对应，而现代药物治疗疾病的技术与药品行业的经济学错综复杂地联系在一起。第二个层次关注的是把整个国家的人口作为一种必须加以保护、监控和改良的资源。因此,资本主义要求全体性的医疗和教育来保证充足的劳动力资源;种族主义的意识形态呼吁采取优生措施保护人口"储备"的纯洁性;军事谋略家提出"总体战"的概念,不仅指军队之间的战斗,还指全体人口之间的战争。

于是,我们看到,福柯的现代性经验史的研究计划从一开始就已扩展为现代生物权力史。20世纪70年代末,他开始讨论此类历史主题。举例来说,福柯重新讨论了医学史和精神病学史的问题,但现在的分析视角是他新的权力观念。同时,他开始研究他所谓的"管理的艺术",即从中世纪田园模式发展而来的、统治者关爱所辖人民的艺术。

然而,更为重要的是这一计划的另一发展方向,福柯后来把它称为"主体的历史"。这一趋势早在《规训与惩罚》中就已浮现:福柯在书中间或提到,规训所控制的对象如何主动将控制他们的规范内化从而成为自身行为的监视者。在性经验方面,这一现象占据了中心位置,因为个体应能领会自己作为一种性存在的本性,并且根据这种自我认知改变自己的生活。因此,我们不仅仅是那些对我们进行过专门了解的规训活动的**对象**,也同时作为对我们自身的知识进行自我审查与自我建构的**主体**而受到控制。

这一新视角让福柯能够质疑现代社会性解放的理想。我通过自我审查发现了内心深处的性本能,通过克服各种焦虑和恐惧来表现这一本性。但我真正解放自己了吗?或者,我只是按照一套新标准重新塑造了自己的生活?难道乱交不也像一夫一妻制那样是一个高标准的理想?乱交要求在性生活方面具有冒险精神,这难道不会如传教士的职业要求其一本正经一样成为一种负担?杂志、关于自慰的书籍、指导我们过解放了的性生活的

图 13　福柯在巴黎的寓所，1978 年

手册，这些都似乎要引起我们内心对于自身性魅力与性能力的不安与恐惧，正如布道和训诫试图让我们的祖父辈对纵欲的危险感到不安与恐惧一样。更为重要的是，我对性解放要求的接受难道比我们祖父辈对传统道德要求的认可更能反映一个人的“本来面目”？福柯暗示，在上述两种情况下，接受与认可可能只是外在规范的内化。福柯说，我们无休止地争论性的问题，这颇具讽刺意味，因为我们认为这与自我解放有关（《性经验史》第一卷：《概述》，第 159 页）。

更重要的是，福柯的新视角使他具有了这样的观点：他对性经验的研究的确是试图理解个体成为主体这一过程中的一个环节。福柯得出了这样的结论：他所写的与其说是性经验史，不如说是主体的历史。这一转变源于他发现了性经验是我们作为自我或主体的身份的内在组成部分。如果我说我是同性恋或者我对艾伯丁着迷，就是在说我以主体性的具体性表现了关于我自身的十分核心的东西。此处，福柯似乎回到了个体自觉的立场。虽然他在早期选择观念哲学而非经验哲学时放弃了这一点，但我想说他从没有真正远离这一立场，只不过是拒绝了那种忽略主体根本的历史特性而对其所作的先验性解读。无论如何，福柯现在觉得能够也有必要阐明我们成为主体的历史进程。问题不在于自觉如何从不自觉中产生，而在于一个自觉的存在怎样获得了某一特定身份，换言之，怎样逐渐认为自己受一套特定的伦理规范的指导，这些规范赋予其存在以特定的意义和目的。

在《性经验史》中，福柯开始审视对一种伦理自我的现代自觉通过基督教的自我阐释学的世俗化过程诞生的方式（正如在我们前文讨论过的忏悔仪式中）。他最初的计划是在另一部关于中世纪基督教性经验观的独立篇章中充分讨论这一主题，他把该篇称为《肉身的忏悔》[1]。（这原本将成为性经验史中的第二卷，后面还有四卷，分别讨论儿童、妇女、性变态者和夫妇。）福柯说他完成了这一卷的初稿，但对他所写的内容不满意，于是暂搁一边。尽管这篇稿子显然还存在着，但从未发表出来（福柯的家人坚持遵从他的严格指令："死后不再发表任何作品"）。这一手稿在巴黎的福柯档案中心也找不到；极少有人见过这份稿子，因而对其内容也没有任何具体描述。（见过这份手稿的人说它并不真正是一份完整稿，跟福柯所言相左。）

正如福柯对这一研究计划所作的深度思考一样，不管怎样，他都认定他的讨论要从古希腊和古罗马——而不是中世纪——对性和自我的观念开始。他曾得出结论说，要恰当地理解基督教对自我的阐释学认识，他得从古代观念中追踪其根源和变异。他开始重新拾起在学校学过的希腊文和拉丁文，与他在法兰西学院的两个朋友兼同事有过多次的讨论，此二人即罗马历史学家保罗·贝内和古代哲学史家皮埃尔·哈多特。这一重大的方向性调整，加上身体欠佳（后被证实是艾滋病，福柯也因此而死），严重影响了该项目的进度。直到 1984 年临死之前，福柯才出版了有关古代世界的两册书：《快感的运用》讨论了公元前 4 世纪的希腊文本，《自我的关怀》探讨了公元前 1 世纪到公元 1 世纪之间的希腊和罗马文本。

尽管这两册书被命名为福柯《性经验史》第二卷和第三

① 原文是Les Avoux de la chair。经查，福柯原计划把《性经验史》第二卷叫做Les Aveux de la chair，作者所用的"Avoux"应该是个笔误。——译注

卷，但把我们曾经讨论过的第一卷看做其导读则没有多少道理。粗略地说，第一卷介绍的研究计划是把现代性经验作为生物权力的例子加以研究的项目：生物学（广义的）知识充当从社会—政治层面控制个体和群体的基础。这是福柯从未能付诸实施的一个计划，尽管有些研究内容分散地出现在《性经验史》第一卷之前和之后的作品中。第二卷、第三卷是一项研究的组成部分，这项研究把古代性经验作为自我的伦理建构的例子。尽管都讨论了基督教的自我阐释学这一主题，这与前期对生物权力的研究却不甚相关。倘若福柯没有把这两本书作为他最初性经验史的后续研究，那么就不会如此具有误导性了。他可能预见到了某一领域更宽的项目，既从生物权力又从自我建构来探讨性经验。但在弥留之际他似乎偏离了性经验史。他的新方向，正如我们将看到的，把主体的建构与他后来所谓的“真理游戏”而不是性经验联系起来。

第十章

古代性经验

性枯燥乏味。

福柯睿智、庄重但又艰深晦涩的文风曾让许多读者饱受折磨,但他最后两本书写得浅显易懂、清晰流畅,让读者颇感慰藉。是临终前的疾病使他达到其作品所反映出的宁静与平和?或仅仅是因为急于在生前完成这一研究而没有时间继续辞藻华丽的繁复文风?依笔者之见,福柯那时已经进入了一个远离在他看来常常“不可忍受”的当下社会的世界,并在那里找到了一种对他极具吸引力的生存模式。

他的主题——自我的伦理建构——自然是从他对现代权力关系的分析中得出的。在他看来,权力关系甚至已经渗透进我们个人身份的内核。毫无疑问,他如此抵制任何固定身份的原因在于,福柯认识到,即便那些表面上看来属于自选的身份也可能只是社会规范的内化。但是,正如福柯把伦理身份的历史建构追溯到基督教的自我阐释学视角及其当代世俗化了的继承者,支配性权力在他的论述中并不显见。

他仍旧利用了“主体”一词的双重语意,大谈伦理规范如何进入个体生活、构建个体身份的“主体化模式”。以对古代文本的考古学分析为源头，这一主体化过程的总体结构当然受到权力关系的影响。该结构包括作为其基础的、与性行为有关的行动（希腊人称为 ta aphrodisia，即“阿佛洛狄特[①]的事物”，福柯称之为“伦理物质”），还包含在何种意义上使个体接受伦理法则的约束。福柯把它称为“征服模式 / 主体化模式”（mode of subjection）[②]，泛指从对社会传统的服从到实现自我满足等等各种行为。这里面除了接受道德法则意味着什么这一问题之外，还有另外一个问题，即主体化过程以何种形式实现，也即它的“展开方式”，这可能包括诸如自觉遵守实践规则，或者相反，突然之间完全改变信仰。此外，这一模式也为道德事业设想了一个最终目的（telos），如实现对自我的控制，或者为来生洗清罪过。

尽管这一图式为权力运作预留了空间，福柯把它应用于古代性伦理的方式却强调了把伦理的主体化当做由看似掌握自身命运的个体实施的过程。结合上述部分例子，他们可能通过严格遵循一套实现自我控制的做法（“自我的技巧”）来完成自我实现的计划。类似地，福柯用明显带有赞赏的语气谈及希腊的“存在的美学”，其中生命就像艺术品一样被创造出来。同样明显的是，福柯关注的焦点远比性伦理宽泛得多。当他还在写作《自我的关怀》时，福柯曾在一次采访中评论说：“比起性，……我对自我的技巧这类问题要更加感兴趣——性枯燥乏味。”[“论伦理的谱系”，《福柯主要作品集》（卷一），第 253 页]

然而，我们要指出的是，福柯自己已经表明，尤其是在《性

① 希腊神话中司爱与美的女神。——译注

② 英语中，“接受……的影响”（subject to）以及后文的“征服”（subjection）和“主体”（subject）一词同源，意义上有相连相同之处。——译注

经验史》第一卷中，自我创造只能是一种幻觉。我们可能认为，我们的自由就像现代的性解放一样，只是权力关系约束力的内化。福柯可能被古代创造美丽生活的行动所吸引，但较之于众人，他更清楚这一行为与希腊社会的权力结构缠绕在一起。比方说，试想希腊男人与男孩之间的同性恋行为。尽管这样的行为没有受到基督教对本质上邪恶、反常的行为的责难，但它也因政治原因被问题化了，正如福柯在《快感的运用》中特别指出的那样。男孩，作为某个享有主导权力的男性的被动搭档，同时也被当做城邦的未来领袖加以培养。这样的人怎么可能是和妇女及奴隶处在同一位置上的性对象？无论柏拉图如何论及理想的美和心灵的自我主宰，"柏拉图式爱情"的问题都不能从雅典社会的权力关系中剥离开来。

解决这个问题的关键是**问题化**这一概念，上文中已顺便提及，实际上它是福柯后期思想的核心观念。问题化构成了个体面临生存时的基本问题与抉择。我的存在被以某种特定的方式问题化，这一事实无疑是由我置身其中的社会权力关系所决定的。但是，尽管生存被问题化了，我还是能够以自身的方式对它所提的问题作出应答，或者更准确地讲，以我在特定历史背景下确定自我身份的方式作出应答。

这里隐含了问题化与边缘化之间的对比关系，尽管福柯从未明确提出。在他引出此术语的古代语境中，被问题化了的是希腊自由男性的生活，而不是那些被边缘化了的群体，比如妇女和奴隶。边缘化对应于一个社会强加在个体身上的最强约束。即使边缘化群体也并非完全被一个社会的权力结构所主宰，因为他们能够参加革命运动（并获得胜利），推翻统治着他们的力量。但他们只能通过与权力的斗争确定自己的身份。社会的“主流”成员，即那些没有被边缘化的成员，受到的约束要小一些。权力网络以一种预期的形式限定了他们，但却允许有较大空间供他们进行进一步的自我限定。与被边缘化的群体不一样，他们在社会中可以占据“合适位置”，给他们提供了以自己的方式进行自我建构的空间。希腊自由男性的“问题化”就属于这种情况。

笔者的观点是，福柯在把话题转到主体的历史（以及古代性经验的历史）的时候，也在无形中把主要的关注焦点从那些生活被边缘化的人群转移到那些生活仅仅被问题化的人群身上。通过这种方式，他不用否认权力的普遍性就巧妙地认可了有些人被允许过一种相对自由、自我创造的生活。在古希腊，这至少包含了一些自由男性；在我们的世界中，它包括了那些像福柯一样有能力也有机会读书和写书的人士。

问题化看似福柯的第三种历史学方法，是对考古学方法和系谱学方法的补充（或替代）。但从严格意义上讲，这种说法是错误的，因为问题化不是一种历史学的方法，而是此类方法研究的对象。转向问题化，就是从边缘化个体转向问题化个体。但福柯在从事古代性经验的问题化研究时，的确对其历史学的方法论作了较大改变。他首先要求对性经验的古代话语结构进行仔细探索，考古学方法当然是这一部分的主要工具。同时，他基本不关心与古代性知识纠结在一起的权力关系。正如我们注意到的，《快感的运用》论及“男孩问题”的政治根源，而《自我的关怀》中则有一个简短的（用福柯自己也承认的话来说，衍生性质的）章节讨论推动希腊向罗马的性经验观转型的社会力量。但福柯早期著作中所说的权力谱系在这两本书中难觅踪迹。

这是因为，系谱学方法主要关注的是权力与我们现代的统治体系相连通的线索。正如福柯在《规训与惩罚》中所说，它是一部关于现在的历史。但古代希腊和罗马的权力体制太过遥远，很难用我们对现代权力结构的理解把它们描绘出来。如果福柯所关心的只是现代权力结构，他可以按照原计划行事，并不需要回溯到比中世纪田园模式的关爱观念更古老的思想了。然而，一旦主题变成问题化及自我对问题化的创造性应答——在权力体制的缝隙中发展起来的问题，古代人就立即成为有趣的研究对象了。然而，这并不是因为他们是某些问题的特殊根源，否则就需要进行系谱学方法的研究了，而是因为古代人对这些问题给出了多种创造性的答案。

福柯不太愿意放弃"系谱学"这个术语，可能是因为这将他与尼采联系在一起。但他已不再把该术语作为怀疑的工具去追踪现代权力无处不在的痕迹。相反，它是对古代世界"存在艺术"的一种（通常是赞赏性的）描述。所谓古代世界的"存在艺术"，就是"那些有意图的自愿行为，凭借它们，男人们不仅给自己树立行为准则，而且还试图使他们的生活成为具有特定艺术价值、符合特定风格标准的艺术品"（《性经验史》第二卷，第10—11页）。除了这个词语本身，它仅表示对自我建构进行随意描述的宽泛概念。然而，这种描述已经不再是复杂外部权力线索的重构，而是伦理转型的内部方案。事实上，它与哲学史，而不是与福柯所用系谱学一词的原初意义更为接近。或者这样表达更好一些：它是历史模式中发生的哲学本身。

我们将在下文回到福柯的最终"哲学"上。但现在，我们首先要关注一下他的古代性经验考古学，理解一下希腊人和罗马人如何把性经验问题化、福柯又想让我们从他们的问题化中知道些什么。对福柯而言，考古学一直都是比较式的研究。这一次,基本的比较点是基督教的性经验观。这里,尽管没有《反基督者》中的修辞暴力,福柯再次成为尼采的传人:他认为基督教性观念的崛起是一种更令人崇敬的古代观念的堕落。同时,福柯明确表示不可能重回古代的方式,因为他们有严重的自身缺陷,无论如何不可能在我们的世界中存在。古代的方式只能作为我们自我创造计划的启发式指南。

在福柯看来,古代人和基督徒在道德准则及行为方面相对来说差别不大。如果把诸如同性关系这样的明显特例除外,两者在确立伦理法则及这些法则所决定的实际行为模式方面就十分相似。然而,当我们考察伦理主体的建构时,重大的差别就出现了。

差异的根源,据福柯所说,是基督教宣称爱的快感(ta aphrodisia)在本质上是邪恶的,因此是伦理拒斥的主要对象。与此相反,对于古代人而言,性是自然的善。性成为了伦理问题化的对象,不是因为性基本上遭到禁止,而是因为性的某些方面可能具有危险性。这是因为性之善的一面体现在我们低层次的动物性之中,因为它们往往涉及剧烈的情感。危险性并不在于这可能成为我们生活的主要部分——对基督徒来说正是如此,而古人则认为这是不可避免也无可厚非的——而在于我们可能因过度沉迷于此而扰乱了正常的生活。

相对于基督徒而言,遵循性伦理的法则就是完全排斥性,其理想就是独身,或者对于不那么伟大的人而言,至少意味着把性严格控制在一夫一妻制婚姻的狭小空间之内。相反,对于古代人而言,这是一个合理使用(chresis)快感的问题,不是避免某些本质上邪恶的行为;是在适度的节制下(当然要考虑到我们讨论的对象是自由男性而非妇女和奴隶)充分投入到性活动中来(异性性生活、同性性生活、婚内性生活、婚外性生活)。

为了遵循他们的性行为法则，古代人试图实现自我主宰(enkrateia),在与自我的斗争中取胜,而这是通过自我控制的训练(askesis)做到的。对于基督徒而言,战争的对象是邪恶的外在势力——终极对象是撒旦,它勾起我们的欲望,而要获取胜利则要通过对自我取得重大理解(阐释学),并在此基础上克制自我、服务上帝:不是自我主宰,而是自我否定。最后,古代伦理生活的终极目标是适度(sophrysune),可以理解为一种自由——既是被动的(对激情而言)又是主动的(作为对他者的主宰)。对于基督教来说,唯一值得追求的人性的、有意义的自由是免受欲望困扰的消极自由，除此之外就只有完全服从于上帝的意志。

与基督教的显著对比最鲜明地存在于公元前 4 世纪的古希腊观念中。在福柯看来,古希腊后期(即早期帝国时代)对性经验的观念基本没有变化，但越来越强调基督教的消极性倾向。比方说,尽管爱的快感仍旧被视为本质上是好的,但更多地强调了它的危险性以及在它面前我们表现出的脆弱性。与此相似,自我主宰的技能仍旧处于中心地位,但越来越多地与自我认识联系在一起。适度这一理想也融入了反思性愉悦的成分。尤其是通过斯多葛派的哲学思想,罗马世界预先埋下了基督教革命的种子。

福柯对于基督教性经验的叙述似乎忽略了“创生是善”这一中心教义。即便是奥古斯丁——福柯本可以列出此公作为反对性经验的观点的主要思想源泉——也坚持认为世界上没有任何东西本质上是邪恶的,并以此对摩尼教徒进行反驳。甚至是人类的堕落,根据正统的天主教教义,也没有从根本上腐蚀人性的任何方面；所有上帝创造的东西，包括我们的性，都得到基督的救赎。当然，福柯可能会辩解说，这些形而上学和神学的教义并不决定实际的伦理说教。但我们还需要看一下他对中世纪性经验的详细论述，才能获知他的真实想法。

前文曾指出，福柯临终前一直所说的系谱学研究已经演变为一种哲学。要想阐发这一思想，笔者认为最好的方式是对福柯在《快感的运用》的前言中对自己作品总体特征的总结进行评价。福柯坚持认为，从一开始他就在最宽泛的意义上提出一种“真理的历史”。他把这一历史看做由三个主要部分组成：对“真理的游戏”（即为创造真理而提出的多种话语系统）本身或相互关系进行分析；对这些真理的游戏与权力关系的相关性进行分析；对真理游戏与自我的关系进行分析。我们能够立即把对作为话语系统的真理游戏本身进行的研究与考古学等同起来，而把对真理游戏与权力的关系分析与系谱学联系起来。此处，“真理的游戏”指福柯的历史研究所关注的不同的知识体系（真实的或自称的）。我们还能比较自然地由“真理的游戏”的这层意思想到福柯把真理的游戏与问题化联系了起来，他把古希腊人用以解决人类生存问题而创建的哲学理论看做相似的游戏。

然而，尽管福柯的确把哲学看做希腊人对问题化的回应，但他并不认为这一意义上的哲学会创建一套理论知识体系。相反，他紧随法兰西学院的同事皮埃尔·哈多特的研究，把古代哲学从根本上看做一种生活方式，而不是对理论真理的求索。在这一背景下，“真理的游戏”并不指思想体系，而是指讲述真理的实践。《快感的运用》讨论了柏拉图呼吁热爱真理、把真理看做存在于男孩之间的同性性爱背后的纯真理想。然而，柏拉图至少明显倾向于把哲学当做一种理论图景,而不仅仅是一种生活方式。福柯小心谨慎地与这种柏拉图主义保持了距离。

福柯最后一本书的标题"自我的关怀"指的是古代后期务实的哲学流派(尤其是斯多葛学派)的一个重要主题,但该书主要关注的是非哲学背景下的主题,例如医学、婚姻和政治。然而,福柯在法兰西学院和伯克利所作的演讲(1982 年和 1983 年)明确且具体地把哲学当做一种生活方式。在法兰西学院的讲座中,他讨论了苏格拉底(《申辩篇》和《亚西比德篇 I》),把苏格拉底作为以"自我的关怀"为重心的哲学式生存的典范和支持者,追溯了古代有关这一主题的后继讨论,例如爱比克泰德、塞内加、普鲁塔克等人的观点。伯克利的讲座讨论了古代"真理的言说"(parrhesia)的理想,把这一理想看做政治和道德的核心美德。在此,福柯讨论了这一观点在欧里庇得斯和苏格拉底著述中的早期发展,也讨论了其在伊壁鸠鲁学派、斯多葛学派和犬儒主义学派中的后期转型。

我们只拥有这些讲座的录音转写记录(及听众的笔记)。这些材料不够全面,形式也很粗糙。我们无法获知,如果决定要发表,福柯会如何整合这些原始材料。但至少看起来,福柯在生命即将走到尽头时终于找到了可以超越我们可能会称之为"怀疑的认识论"的路径——套用一下保罗·利科的名言。他所有前期的作品,正如他所宣称的那样,都与真理有关,然而与传统哲学家无条件热爱真理形成鲜明对比,福柯让真理接受检验。他的考古学显示,真理通常是如何相对于偶然历史背景而言的,而它本该超越特定的历史背景;他的系谱学显示,真理是如何与权力和统治纠结在一起的,而它本该让我们免受权力和统治的影响。如今,他找到了全面接纳真理的途径,不是把真理作为

图 14 福柯头戴牛仔帽,此帽为他在伯克利的学生所赠,1983 年 10 月

一套理论知识,而是作为一种生活方式:不是认识论的真理,而是伦理学的真理。

但是,福柯所说的"真理式的生活"是什么意思?当然不是指我们要按照预设的理想范式来生活,比方说,让上帝的意志或者人类的本性来决定。他对古代人的研究,正如我们所看到的,暗示了两种选择:作为个人自我创造的产物的真理(与艺术相类比);作为社会美德的真理言说。在全书的最后,我们再次看到了可以用来界定福柯生平和作品的二分法:是审美的,还是政治的?

索引

（条目后的数字为原文页码）

A

Adorno, Theodor 西奥多·阿多诺 76
aesthetic(s) 美学 8, 9, 20, 29, 58, 78, 102, 105, 110
AIDS 艾滋病 2, 7, 99
Althusser, Louis 路易·阿尔都塞 24
Annales school 年鉴学派 135
a priori 先天的 36, 37, 60
historical 历史的 36
archaeology of knowledge 知识考古学 15, 32-42, 44-6, 50, 53, 59,60, 62, 64, 65, 66, 67, 76,87, 102, 104, 105, 108, 109
Artaud, Antonin 安东尼·阿尔托 18, 75
Augustine, St. 圣奥古斯丁 107
author 10-15 作者
death of the 14 作者之死

B

Bachelard, Gaston 加斯东·巴什拉 62, 63
Barbin, Herculine 何秋兰·巴宾 94
Barthes, Roland 罗兰·巴特 21, 61
Bataille, Georges 乔治·巴塔耶 15-19, 62
Baudelaire, Charles 夏尔·波德莱尔 57-9
Beckett, Samuel 塞缪尔·贝克特 14-15
Bentham, Jeremy 杰里米·边沁 82
Binswanger, Ludwig 路德维希·宾斯万格 24, 61
bio-power 生物权力 95-6, 100
Blanchot, Maurice 莫里斯·布朗肖 4, 10, 17-19, 20, 62
Borges, Jorges Luis 豪尔赫·路易斯·博尔赫斯 41, 66

C

Calvino, Italo 伊塔洛·卡尔维诺 19
Camus, Albert 阿尔贝·加缪 23
Canguilhem, Georges 乔治·康吉兰 62, 78
Chomsky, Noam 诺姆·乔姆斯基 36
Christianity 基督教，基督教教义 47, 51, 99-100, 101, 103, 105-7
Classical Age 古典时代 37
madness in 的疯癫 39-40, 72-3
clinic 临床医学 *see* medicine 参见医学
Collège de France 法兰西学院 1, 14,

15, 32, 99, 108, 109
Communist Party 共产党
Foucault and 福柯与 24-5;
see also Marxism 也见马克思主义
concept 概念,
philosophy of 的哲学 63, 98
confinement 监禁 39-40, 68, 72-3
connaissance (vs. savoir) 知识(与认知、认知结构相对) 53, 59
consciousness 意识 16, 18, 33-5, 98-9
Courbet, Gustave 古斯塔夫·库尔贝 58
Cuvier, Georges 乔治·居维叶 37-9

D

Damiens, Robert 罗贝尔·达米安 79
Darwin, Charles 查尔斯·达尔文 33, 37, 39
death 死亡 6-8, 24, 30
of the author 作者之死 14
Derrida, Jacques 雅克·德里达 72
Descartes, René 勒内·笛卡尔 34, 41, 54, 55, 64, 72
Discipline 规训 80-2,
Dumézil, Georges 乔治·杜梅齐尔 61, 62
Duncker, Patricia 帕特里夏·东克尔 4

E

Enlightenment 启蒙 55-9, 76, 77
Epictetus 爱比克泰德 109
Eribon, Didier 迪迪埃·艾利邦 29
error 错误 49, 78, 89 121
ethics 伦理学 30, 102, 106, 110
evolution 进化 37, 39, 49, 50
examination 检查 84-6
existentialism 存在主义 24, 61
experience 经验
Kant on 康德论 36
madness and 疯癫和 76-8
philosophy of 的哲学 62, 66, 98
see also limit-experience 也见极限体验

F

Foucault, Michel 米歇尔·福柯
life 生平 1-9
works 作品
The Archaeology of Knowledge《知识考古学》35, 39, 44-5, 76
Les avoux de la chair《肉身的忏悔》99
The Birth of the Clinic《临床医学

的诞生》7-9, 21, 39, 61, 96
The Care of the Self《自我的关怀》100,102, 104, 109
Death and the Labyrinth:《死亡和迷宫》
see *Raymond Roussel* 参见《雷蒙·鲁塞尔》
Discipline and Punish《规训与惩罚》25, 44-7, 50, 79-87, 92, 95-6, 105
"The Discourse on Language" "论语言": *see* L'ordre du discourse 参见话语的秩序
The History of Madness《疯癫史》25, 32, 39, 62, 68-78, 86-7
History of Sexuality《性经验史》32, 44, 91-100, 102
History of Sexuality, volume 2:《性经验史》(第二卷) see *The Use of Pleasure* 参见《快感的运用》
History of Sexuality, volume 3:《性经验史》(第三卷) see *The Care of the Self* 参见《自我的关怀》
"Introduction"导论 (to Binswanger's *Traum und Existenz* 为宾斯万格的《梦与存在》而作) 24
Madness and Civilization:《疯癫与文明》see *The History of Madness* 参见《疯癫史》
Maladie mentale et personnalité《精神病与人格》24
Maladie mentale et psychologie《精神病与心理学》24-5
"Nietzsche, Genealogy,History" "尼采, 系谱学, 历史" 43-4, 47, 49, 52
The Order of Things《事物的秩序》12, 14, 25, 36-9, 41, 46, 64-7
L'ordre du discourse《话语的秩序》14-15
"Polemics, Politics, and Problematizations" "论辩术、政治学和问题化" 25-8
Raymond Roussel《雷蒙·鲁塞尔》4-9
The Use of Pleasure《快感的运用》99, 103-4, 108
"What Is an Author?" "作者是什么？" 10-12, 14
"What Is Enlightenment?" "什么是启蒙？" 55-60, 77
Freud, Sigmund 西格蒙德·弗洛伊德 16, 75, 94;
see also psychoanalysis 也见心理分析

G

genealogy 系谱学 32, 43-53, 59, 60, 87, 92, 102, 104, 105, 108, 109

H

Hadot, Pierre 皮埃尔·哈多特 99, 108

Heidegger, Martin 马丁·海德格尔 13, 24, 61, 66-7

historian 历史学家

Foucault as 作为历史学家的福柯 32, 39-41;

see also archaeology and genealogy *也见*考古学和系谱学

history, vs. archaeology 历史和考古学之争 34-5

history of ideas 观念史 32-4, 39, 65

Holderlin, Friedrich 弗里德里希·荷尔德林 18, 75

Homosexuality 同性恋，同性性经验 2, 88, 91, 93, 94, 95, 103, 106

Horkheimer, Max 马克斯·霍克海默 76

Hume, David 大卫·休谟 33, 55, 64

Husserl, Edmund 艾德蒙·胡塞尔 61, 65

Hyppolite, Jean 让·伊波利特 15, 43, 61

I

intolerable, the 不可忍受的 31, 101

Iranian revolution 伊朗革命 30-1

intellectual (universal vs. specific) 知识分子（大众 vs.专才）23-4

J

Janet, Pierre 皮埃尔·雅内 4

Jouy 茹伊 94-5

judgment, normalizing 规范化评判 84

K

Kant, Immanuel 伊曼纽尔·康德 36-7, 54-60, 64, 65-6, 76

Kirchheimer, Otto 奥托·基希海默尔 25

Klossowski, Pierre 皮埃尔·克罗索夫斯基 18

L

Lacan, Jacques 雅克·拉康 61

Lamarck, Jean-Baptiste 让 - 巴普蒂

斯特·拉马克 37, 39
language 语言 6-8, 13-18, 32, 33, 36, 45, 62, 66
Leibniz, Gottfried von 戈特弗里德·冯·莱布尼茨 41
Lévi-Strauss, Claude 克劳德·列维-施特劳斯 61
limit-experience 极限体验 2, 15-19, 27-9
literature 文学 10-19
  avant-garde 先锋派 19, 62
  modernist 现代主义者 36

M

Macaulay, Lord 麦考利爵士 35, 55
Madness 疯癫:
  see *History of Madness* 参见《疯癫史》
Mallarmé, Stéphane 斯特凡·马拉美 12
marginal, marginalized 边缘的,边缘化的 86-92, 95-6, 103-4
Marx, Karl 卡尔·马克思 39
Marxism 马克思主义 20, 22-6, 35, 61, 87
Matthews, Harry 哈里·马修 19
medicine 医学 7-8, 26, 74, 95, 96, 109
modernity 现代性 57-8;
  see also Enlightenment 也见启蒙
Merleau-Ponty, Maurice 莫里斯·梅洛-庞蒂 2, 23, 27, 61, 65
Miller, James 詹姆斯·米勒 4, 7
Mitterand, Francois 弗朗索瓦·密特朗 29

N

Nietzsche, Friedrich 弗里德里希·尼采 11, 12, 17, 18, 43-4, 47-52, 60, 62, 75, 105-6

O

observation, hierarchical 层级监视 82-4
Oppenheimer, J. Robert 罗伯特·奥本海默 23
Oulipo 乌利波派 19

P

Panopticon 全景敞视监狱 82-4
Perec, Georges 乔治·珀雷克 19
phenomenology 现象学 24, 61-2, 64
philosophy 哲学 54-66, 105, 108-10
  Foucault's history of modern 福

柯的现代史 64-6
Pinel, Philippe 菲利普·皮内尔 68-71, 73-4
Plato 柏拉图 51, 55, 103, 108, 109
Plutarch 普鲁塔克 109
politics 政治学 20-31, 88-90, 95, 109
Porter, Roy 罗伊·波特 40
power 权力 41, 82, 84, 87-8, 92, 101-5, 108-9
and knowledge 和知识 50-3, 86, 92-5
see also bio-power *也见生物权力*
prison 监狱 2, 6, 25, 44, 45, 47, 71, 79-83, 86-7, 89, 94
problematization 问题化 103-6, 108
versus politics 较之政治学 26-7
Proust, Marcel 马塞尔·普鲁斯特 12
psychoanalysis 心理分析 33-4, 61, 74-5;
see also Freud *也见弗洛伊德*
punishment 惩罚 79-81

Q

Queneau, Raymond 雷蒙·凯诺 4, 19

R

Rawls, John 约翰·罗尔斯 90
relativism 相对主义 52-3
repression 压制 92-3
Ricoeur, Paul 保罗·利科 109
Rorty, Richard 理查德·罗蒂 27-9, 55
Roussel, Raymond 雷蒙·鲁塞尔 4-9, 18-19
Rusche, Georg 格奥尔格·鲁舍 25

S

Sade, Marquis de 马基·德·萨德 18
Salpêtrière 萨彼里埃 73
Sartre, Jean-Paul 让—保罗·萨特 1, 21-4, 26, 33, 61, 65, 67
Saussure, Ferdinand de 斐迪南·德·索绪尔 61
savoir: 认知，认知结构
see connaissance 参见知识
Scull, Andrew 安德鲁·斯卡尔 39
Seneca 塞内加 109
sexuality 性，性经验 15-16, 88, 91-108
social sciences 社会科学 42, 64, 65, 67
Socrates 苏格拉底 54, 109
Sollers, Philippe 菲利普·索莱尔斯 21
structuralism 结构主义 61-2
subject(s) 主体 18, 33-4, 44, 62, 76, 92, 94, 96, 98, 100, 101-2, 104, 106
subjectification 主体化 101-2

subjectivity 主体性 6, 8, 17-18, 30, 98

T

transgression 越界 15-19, 32, 78
truth 真理
games of 的游戏 100, 108
history of 的历史 108
Tuke, Samuel 塞缪尔·图克 70-1, 73-4

V

Veyne, Paul 保罗·贝内 99

W

Wittgenstein, Ludwig 路德维希·维特根斯坦 15

Gary Gutting

FOUCAULT

A Very Short Introduction

To Anastasia
as always
with love

Contents

Acknowledgements i
Abbreviations ii
List of illustrations iv
1 Lives and works 1
2 Literature 10
3 Politics 20
4 Archaeology 32
5 Genealogy 43
6 The masked philosopher 54
7 Madness 68
8 Crime and punishment 79
9 Modern sex 91
10 Ancient sex 101
References and further reading 111

Acknowledgements

I wrote the first draft of this essay during summer 2003, in conjunction with my seminar on Foucault at the Johann Wolfgang Goethe Universität in Frankfurt. Many thanks to Axel Honneth for his invitation and many kindnesses, to the students in my Foucault seminar for their interest and questions, and to the staff at the Literaturhaus Restaurant (especially Oliver and Franz) for their hospitality, good food, and splendid wine.

As always, the first and best reader of my manuscript was my wife, Anastasia Friel Gutting. I am also grateful for very helpful comments from Jerry Bruns and Todd May. My thanks to Marsha Filion of OUP for suggesting and supporting this project.

Abbreviations

The following abbreviations are used throughout to denote works by Foucault.

Foucault's books

AK (DL) *The Archaeology of Knowledge*, tr. Alan Sheridan (New York: Vintage, 1972). Also includes 'The Discourse on Language' (DL), a translation of *L'ordre du discours*, Foucault's inaugural address at the Collège de France.

BC *The Birth of the Clinic*, tr. Alan Sheridan (New York: Vintage, 1973).

CS *The Care of the Self*, Volume 3 of *The History of Sexuality*, tr. Robert Hurley (New York: Vintage, 1986).

HF *Histoire de la folie à l'âge classique* (Paris: Gallimard, 1972).

HS *The History of Sexuality*, Volume 1: *An Introduction*, tr. Robert Hurley (New York: Vintage, 1978).

DP *Discipline and Punish*, tr. Alan Sheridan (New York: Vintage, 1977).

MC *Madness and Civilization*, tr. Richard Howard (New York: Vintage, 1965). This is a greatly abridged translation of HF.

OT *The Order of Things*, tr. Alan Sheridan (New York: Vintage, 1970). Translation of *Les mot et les choses.*

RR *Death and the Labyrinth: The World of Raymond Roussel*, tr. Charles Ruas (Garden City, New York: Doubleday and Co., 1986). Translation of *Raymond Roussel.* Includes an interview of Foucault by Charles Ruas.

UP *The Use of Pleasures*, Volume 2 of *The History of Sexuality*, tr. Robert Hurley (New York: Vintage, 1985).

Collections of Foucault's articles, lectures, and interviews

DE Daniel Defert and François Ewald (eds), *Dits et écrits, 1954–1988*, four volumes (Paris: Gallimard, 1994). Includes virtually everything, other than his books, that Foucault published.

EW *The Essential Works of Michel Foucault*, ed. Paul Rabinow. A three-volume translation of selections from *Dits et écrits.*

EW I Volume 1, *Ethics: Subjectivity and Truth*, ed. Paul Rabinow, tr. Robert Hurley *et al.* (New York: New Press, 1997).

EW II Volume 2, *Aesthetics: Method and Epistemology*, ed. James Faubion, tr. Robert Hurley *et al.* (New York: New Press, 1998).

EW III Volume 3, *Power*, ed. James Faubion, tr. Robert Hurley *et al.* (New York: New Press, 2000).

P/K Colin Gordon (ed.), *Power/Knowledge: Selected Interviews and Other Writings, 1972–1977* (New York: Pantheon, 1980).

PPC Lawrence Kritzman (ed.), *Michel Foucault: Philosophy, Politics, Culture*, tr. Alan Sheridan (London: Routledge, 1988).

These last two collections contain some important pieces not in EW.

List of illustrations

1 Foucault at the top of his class 3
Private collection

2 Raymond Roussel, 1895 5
© Rue des Archives

3 Georges Bataille 16
© Photos12.com/Interfoto

4 Foucault and Sartre 22
© Gérard Aimé

5 Foucault talking at W. Berlin Technical University, 1978 28
© Raymond Depardon/Magnum Photos

6 Georges Cuvier examining animal fossils 38
© Bettmann/Corbis

7 'The Holy Trinity': Lou Salomé, Paul Rée, and Friedrich Nietzsche, 1882 48
© akg-images

8 Immanuel Kant 56
© 2004 TopFoto.co.uk

9 Gaston Bachelard 64
© Rue des Archives

10 *Pinel Freeing the Insane* (1876), oil painting by Tony Robert-Fleury Salpêtrière Hospital, Paris 69
© Photos12.com/ARJ

11 Illinois State Penitentiary 83
© Bettmann/Corbis

12 Foucault and the judges, during the filming of *Moi, Pierre Riviere* 85
© René Allio/DR

13 Foucault at home, 1978 97
© Martine Franck/Magnum Photos

14 Foucault at Berkeley 110
Courtesy of Paul Rabinow

The publisher and the author apologize for any errors or omissions in the above list. If contacted they will be pleased to rectify these at the earliest opportunity.

Chapter 1
Lives and works

Do not ask who I am . . .

I give Foucault the first word: 'Do not ask who I am and do not ask me to remain the same . . . Let us leave it to our bureaucrats and our police to see that our papers are in order' (AK, 17).

He has his wish, since quite different readings of his life are supported by the known facts. One version of his story is a standard one of progressive academic success:

> The son of a prominent provincial family, his father a successful doctor, Paul-Michel Foucault was a brilliant student, a star even, at the prestigious École Normale Supérieure. His academic and political connections enabled him to avoid the high-school teaching usually expected in France of those with philosophical academic ambitions. Instead, he spent several *Wanderjahren* in Sweden, Poland, and Germany, while finishing his dissertation, which was sponsored by one of the most powerful professors at the Sorbonne and, once published, gained favourable reviews from leading intellectuals. In the course of the next eight years he moved easily through a series of professorships. His 1966 book, *Les mots et les choses*, was an academic bestseller that made him the leading candidate to succeed Sartre as the French 'master-thinker'. A few years later, he won election to the super-elite Collège de France

(following Bergson and Merleau-Ponty), which put him at the pinnacle of the French academic world and relieved him of ordinary teaching obligations. From then on, he travelled the world (to Japan, Brazil, California, among other countries) lecturing to packed halls, increasingly engaged in high-profile political actions, and still managing to write brilliant books on crime and sex that have made him a major figure in every humanistic and social scientific discipline. By the time he died, in 1984, he had already been the subject of dozens of books, and his posthumous fame has only increased.

But there is another, equally plausible version:

Foucault was a brilliant but emotionally troubled son of an authoritarian physician. A tormented homosexual, he may have attempted suicide while at the École Normale and was certainly under psychiatric care. He so hated French society that he fled to a series of marginal posts in foreign countries, where, however, he failed to find the liberation he sought. Despite spectacular intellectual success, he spent his life seeking extreme sensations ('limit-experiences', as he called them) from drugs and sadomasochistic sex, and died before he was 60 from AIDS, probably contracted at San Francisco bathhouses.

We can also tell the story of his life as one of political and social commitment and activism:

Foucault was fiercely independent and committed from the beginning to his own and others' freedom. His hatred of oppression flared out in the midst of the most complex and erudite discussions. He saw even his most esoteric intellectual work as contributing to a 'toolbox' for those opposing various tyrannies. And he had the effect he desired: he was a hero of the anti-psychiatry movement, of prison reform, of gay liberation, . . .

None of these stories are false, but their mutual truth keeps us from

1. Foucault at the top of his class, Poitiers, 1944

forming any definitive picture of Foucault's life, which is just what he wanted. There's an underlying wisdom in such titles as *Hallucinating Foucault* (a novel by Patricia Duncker) and 'Foucault as I Imagine Him' (an obituary by Maurice Blanchot). At least for the present, we know too little about Foucault's personal life to do anything more than speculate about its relation to his work. James Miller's *The Passions of Michel Foucault* shows both the limited possibilities and the distinct dangers of such speculation.

But why insist on reading the life into the work when the life can be read out of the work? Much of Foucault's existence was the writing of his books, and these tell us more about him than can the set of random anecdotes that have escaped the distortions of memories and Foucault's own efforts to maintain a private life.

The best starting point is *Raymond Roussel*, Foucault's only book-length literary study, and a work that he characterized as 'something very personal' (RR, interview, 185). Foucault's very choice of Roussel as a subject is revelatory. Roussel (1877–1933) was, even as late as the 1950s, when Foucault first stumbled on his work in a Left Bank bookstore, a neglected and marginal writer, an 'experimentalist', but one who wrote not out of any literary theory or movement but from a megalomaniac sense of his own importance as a writer. (Indeed, Roussel was examined by Pierre Janet, the famous psychiatrist, who diagnosed him as suffering from a 'transformed religious mania'.) Inherited wealth allowed Roussel to devote all his time to writing, but the poems, plays, and novels he produced from 1894 until his death were, apart from some patronizing interest from the surrealists and genuine admiration from the novelist Raymond Queneau, greeted with derision or indifference.

This was hardly surprising, since Roussel's works were oddities even by the standards of the avant-garde, characterized by minute descriptions of objects and actions and often written, as he

2. Raymond Roussel aged 18, 1895

explained in his essay (by his instruction published only posthumously), 'How I Wrote Certain of My Books', according to his own bizarre formal rules of construction. He would, for example, require himself to begin and end a story with phrases that differed from one another in only one letter but had entirely different meanings. So, one story begins 'Les lettres du blanc sur les bandes du vieux billard' ('The white letters on the cushions of the old billiard table') and ends with 'les lettres du blanc sur les bandes du vieux pillard' ('the white man's letters about the hordes of the old plunderer'). Roussel also employed numerous other constraints based on double meanings of homonymic expressions.

Foucault was attracted, first of all, by Roussel's very marginality – his lack of literary success and classification as 'mentally ill'. He always had an interest in and sympathy for those excluded by mainstream standards. This may have initially been little more than the characteristic French intellectual's horror of the bourgeoisie, but it developed into a strong personal commitment to oppose the normative exclusions that define our society. From this commitment derived both Foucault's eventual social activism (for example, his work for prison reform) and his conception of his writings as a 'toolbox' to be utilized by those struggling for social and political transformation.

But Foucault was also fascinated by Roussel's exclusion of human subjectivity. This exclusion is signalled first by the dominance in Roussel's writings of spatial objectivity over temporal subjectivity. He typically offers elaborate descriptions of objects or actions, not narratives of characters and their experiences. Nor, on another level, are the works expressions of the author's subjectivity. Because of the strong subordination to formal rules, the words written flow more from the impersonal structures of language itself than from Roussel's thoughts and feelings. Foucault's interest in this sort of writing corresponds to his declaration that he 'writes in order to have no face' (AK, 17), to lose any fixed identity in the succession of masks he assumes in his books. As he said not long before his death: 'The main interest in life and work is to become someone else that you were not in the beginning' ('Truth, Power, Self', 9).

Foucault explicitly connects this loss of self in language with the absolute limit and abolition of subjectivity – death. His analysis of Roussel's works gives a central place to the author's obscure and ambiguous death: he was found on the floor of his hotel room in front of a locked door (always before kept open), which he may have been trying to open to save himself, or which he may have locked to keep himself from being saved. For Foucault, the situation of this death corresponds to the 'key' to his writings Roussel offers in 'How

I Wrote Certain of My Books': just as we cannot know whether he wanted to use the key to his door to let others in or to keep them out, so we cannot know whether the literary key is meant to open up or close off the meaning of his texts. And it is his death that prevents us from resolving either question. Further, the death that prevents us from assessing the value of Roussel's literary key itself corresponds to the language of his books, which, as we have seen, has systematically suppressed the subjective life of both the author and his characters.

We have no way of knowing whether this focus on death – which continues throughout Foucault's writings – led, as Miller encourages us to speculate, to Foucault's deliberately putting himself and others at risk from AIDS. But there is no doubt that his work shows a fascination with the loss of self brought both by death and by its mirror in the linguistic formalism of writing such as Roussel's.

Commentators have generally left *Raymond Roussel* outside the canon of Foucault's major works, no doubt for the plausible reason that it is not, like the rest, a history. Foucault himself was content with this omission: 'I would go so far as to say that [*Raymond Roussel*] doesn't have a place in the sequence of my books . . . No one has paid much attention to this book, and I'm glad; it's my secret affair' (RR, interview, 185).

But, although the book does not fit into standard accounts of Foucault's projects of philosophically informed and oriented history, its preoccupations recur in his other books, particularly in *The Birth of the Clinic*, also published in 1963, which begins: 'This book is about space, about language, and about death' (BC, ix). Of course, in this study of the emergence of modern clinical medicine during the 19th century, these themes are significantly transposed. The 'space' is that of plague-infested cities, of hospital charity wards, of the sites of lesions in dissected cadavers; the language that of medical symptoms and probabilities; and death, of course, is the physical reality itself, not a symbol of marginalized subjectivity.

But as in Foucault's literary study, the concern with space (as opposed to time) and with language (as an autonomous system) reflects a mode of thought that removes subjectivity from its usual central position and subordinates it to structural systems. And death, in Foucault's history of modern medicine, remains at the heart of human existence. It is not mere extinction but 'a possibility intrinsic to life' (BC, 156), one that grounds (through the dissections of pathological anatomy) our scientific knowledge of life. 'Death', Foucault concludes, 'left its old tragic heaven and became the lyrical core of man: his invisible truth, his visible secret' (BC, 172).

In many ways, *The Birth of the Clinic* is the scientific counterpart of the aestheticism of *Raymond Roussel*, exhibiting in the mode of close historical analysis the preoccupations that guided Foucault's patient exploration of Roussel's baroque complexifications. But one striking difference between the two books is *Raymond Roussel*'s lack of the flashes of savage critique that occasionally burst out of *The Birth of the Clinic*'s sustained erudition. For example, in the latter's Preface, after a preliminary sketch of the main stages of the discussion to come – and before some concluding comments about historical methodology – Foucault suddenly attacks the claim that modern medicine achieves 'the most concentrated formulation of an old medical humanism, as old as man's compassion' and denounces 'the mindless phenomenologies of understanding' that 'mingle the sand of their conceptual desert with this half-baked notion'.

He goes on to deride the 'feebly eroticized vocabulary . . . of the doctor/patient relationship [*le couple médicin-malade*]', which, he says, 'exhausts itself in trying to communicate the pale powers of matrimonial fantasies to so much non-thought' (BC, xiv). Such outbursts, even though occasional, are characteristic of

Foucault's historical studies and signal, as we shall see, their ultimately political agenda. By contrast, *Raymond Roussel* shows a Foucault totally entranced in aesthetic enjoyment for its own sake, composing a memoir of the 'happy period' when Roussel 'was my love for several summers' (RR, interview, 185). This contrast is an early and striking instance of what I will argue is a fundamental tension in Foucault's life and thought between aesthetic contemplation and political activism.

Chapter 2
Literature

I dreamt of being Blanchot.

We have seen how Foucault wanted to write books in order to escape from any fixed identity, to continually become someone else, thereby never really being anyone. Eventually, we will have to ask why he would seek such a thing, but for now let's try to understand the project better.

A sceptical reader may suggest that Foucault's effort to escape identity through writing is an impossible project, since precisely by taking up a career of writing he achieved a quite definite and distinctive identity: that of an author. Indeed, isn't a famous and important author what Michel Foucault was and still is? Isn't this his identity?

Foucault's response to this objection will be the title of one of his best-known essays: 'What Is an Author?'. Is being an author a matter of having an identity (a certain nature, character, personality), like, for example, being a hero, a liar, or a lover? Does writing make me a certain kind of person?

Let's start with a common-sense definition of an author: someone who writes books. Or, to be a bit more accurate, since an author might write only, say, poems or essays that are never collected into a book, let's say an author is someone who writes a text. But we immediately see that this is not quite right either. A text is any thing written at all, including shopping lists, notes passed in class, emails to the phone company about my bill. Having written such things, as we all have, does not make one an author. As Foucault suggests, even when we aim at collecting 'everything' by a great author such as Nietzsche, we do not include these texts. Only certain kinds of texts count as the 'work' of an author.

Our definition has another weakness. Someone may literally write a text, even one of the 'right sort', and not be its author. This is obviously the case if a text is dictated to a secretary, but it is also true, if more complexly so, of other cases: when, for example, a film star writes an autobiography 'with the assistance of' or 'as told to' someone; or when a politician 'writes' a column or gives a speech which has been produced by a team of aides; or when a scientist is 'first author' on a paper coming from his lab but in fact has not himself written a single word of it. Such cases make it clear that being an author is not, as our simple definition assumed, just a matter of being the literal 'cause' (producer) of a certain kind of text. It is instead a matter of being judged *responsible* for the text. As Foucault notes, different cultures have had different standards for assigning such responsibility. In the ancient world, for example, all medical texts accepted as having a certain level of authority were designated as the works of a canonical author such as Hippocrates. On the other hand, there have been periods in which literary texts (such as poems and stories) were circulated anonymously and not regarded as texts to which we should assign an author (compare jokes in our culture).

From both these kinds of considerations – those about the sorts of texts that can have an author and those about the sort of responsibility for a text that makes someone an author of it – Foucault concludes that we should, strictly, not speak of the 'author' but of the 'author function'. To be an author is not merely to have a certain factual relation to a text (for example, to have causally produced it); it is, rather, to fulfil a certain socially and culturally defined role in relation to the text. Authorship is a social construction, not a natural kind, and it will vary over cultures and over time.

Foucault further maintains that the author function, as it operates in a given text, does not correspond to a single self (person) who is the author of that text. There is, for any 'authored' text, a plurality of selves fulfilling the author function. So, in a first-person novel, the 'I' who narrates is different from the person who actually wrote the words the 'I' presents, but both have a fair claim to being the 'author'. The classic example is Proust's *À la recherche du temps perdu*, with its complex interplay between 'Marcel', the narrative voice, and Proust 'himself'. Foucault finds the same plurality in a mathematical treatise, where we must distinguish the 'I' of the preface, who thanks her husband for his support, and the theorem-proving 'I' of the main text who writes 'I suppose' or 'I conclude'. Of course, there is a single author in the obvious sense that one person wrote the words of the text. But, as an author, this person assumes a variety of roles, corresponding to a diversity of selves: 'the author function operates so as to effect the dispersion of these . . . simultaneous selves' ('What Is an Author?', EW I, 216).

We see already that the role of an author might well attract someone like Foucault who does not want to be fixed in a single identity. But there are deeper ways in which writing can move me away from myself. To see this, let us return to our initial common-sense model of the author as the person who writes a text. We have so far seen complications with the identity of the author. But there are also difficulties for our common-sense idea that authors (however understood) produce (cause) the texts they write. Foucault neatly formulated the issue in *The Order of Things*. Nietzsche, he said, showed us the importance of always asking of a text 'Who is speaking?' (who – from what historical position, with what particular interests – is claiming the authority to be listened to?). But, Foucault continues, Mallarmé responded to this question, at least as it concerns literature: it is 'the word itself' (OT, 305). Are there, as Mallarmé suggests, senses in which a text is due to the word, to language itself, rather than to its author?

Of course there are. Every language embodies a rich conceptual structure that dictates at every turn how I speak and even what I say. Shakespearean English is an excellent vehicle for discussing the sport of falconry but not of football. The fact that Shakespeare's plays contain fluent and complex treatments of falconry is due as much to the resources of Elizabethan English as to Shakespeare's interest in the topic. If Shakespeare came back to life to attend a final in the World Cup between Germany and England, he would, great writer that he is, be severely handicapped in giving an accurate account of the game. Our accounts of a football match would be far superior to Shakespeare's, not because of our greater literary ability but because of the language we have available to us.

But, you may say, this is just an accident, due to the fact that football did not exist in Shakespeare's day, and one that can easily be remedied by adding an Elizabethan sub-vocabulary suitable for describing football matches. True, but, first, any language that we can actually use has to be at some specific point in its historical development and will have limitations accordingly. Second, it may be that there are fundamental limitations in the structure of any particular language that make it simply incapable of certain sorts of expression. Indeed, it seems likely that this is so – that, for example, there are things in Goethe's or Rilke's German that simply cannot be adequately put into English. Heidegger maintained – though it is hard to see how he could know – that only ancient Greek and German were adequate for the discussion of philosophy.

Accordingly, when authors write, much of what they say is a product not of their distinctive insight or ability but the result of the language they are employing. For much of the text it is just language that is speaking. Authors can react to this fact in different ways. One standard (romantic) idea sees the author as straining against the structures of language to express unique individual insights. Here the assumption is that an author has access to a personal, prelinguistic vision, the expression of which must work against language's tendency to merely conventional expression. A contrary 'classical' idea sees the author as accepting and deploying the standard structures to craft yet another work embodying a traditional vision. Both the classical and the romantic views present writing as a matter of individuals *expressing* themselves; they differ only over whether what is expressed should be the author's own personal vision or the author's appropriation of a tradition. Foucault, however, is especially interested in another mode in which authors can relate to language, one in which the point is not to use language for self-expression but to lose the self in language.

This sort of authorship corresponds to a certain sense of literary modernism, associated with the 'death of the author' – although, as our discussion has shown, this is really just the death of the conception of the author as self-expressive. Replacing it is the idea of an author as a vehicle for letting language reveal itself. This idea, however, is less prominent in 'What Is an Author?' than in some of Foucault's subsequent discussions. In *The Order of Things*, for example, he says: 'The whole curiosity of our thought now resides in the question: What is language, how can we find a way around it in order to make it appear in itself, in all its plentitude?' (OT, 306).

The notion is particularly prominent in Foucault's inaugural address for his chair at the Collège de France (titled *L'ordre du discours*, but oddly translated into English as 'The Discourse on Language'). Here we see the strongly personal resonance of this theme for Foucault, as he is required to give a public address: 'I would', he begins, 'really like to have slipped imperceptibly into this lecture . . . I would have preferred to be enveloped in words . . . At the moment of speaking, I would like to have perceived a nameless voice, long preceding me, leaving me merely to enmesh myself in it . . . ' (DL, 215). Foucault associates himself with the modernist voice of Beckett's Molloy: 'I must go on; I can't go on; I must go on; I must say words as long as there are words, I must say them until they find me, until they say me . . .' (Samuel Beckett, *The Unnameable*, quoted in DL, 215). Later in the lecture, he argues that the notion of the author as 'the unifying principle in a group of writings or statement, lying at the origins of their significance, as the seat of their coherence' (DL, 221) is less a source of creative expression than a principle of limitation, forcing us to read a text as conforming with a comprehensive authorial project. At the very end, he elegantly turns these theoretical flights back to the occasion at hand, saying that the voice he was wishing for, 'preceding me, supporting me, inviting me to speak and lodging within my own speech' was in fact that of Jean Hippolite, his revered former teacher and immediate predecessor in the Chair of Philosophy at the Collège de France (DL, 237). But it remains clear that, for Foucault, language can and must take us beyond the mode of subjective or even inter-subjective expression.

But in what sense might language offer us a truth beyond our subjective selves? There is, of course, the fact that language provides the framework of our daily existence, through structures that are, so to speak, too close for us to notice. Anglophone ordinary-language philosophy, following Wittgenstein in the 1950s and 1960s, offered one way of uncovering this linguistic 'unconscious'. The 'archaeology of knowledge' Foucault developed in the 1960s offered another, much more historical way. But the thread of his thought that we are currently following is not concerned with language as a substructure of everyday life. Here his fascination is rather with writing that puts extreme pressure on language, that presses it to its limits with paradox, and that, as a result, produces experiences of violation and transgression.

A premier example of such writing is that of Georges Bataille, about whom Foucault wrote his passionately obscure essay 'A Preface to Transgression'. Sexuality, the primary theme of Bataille's violently pornographic fiction, is a primary locus of transgression because it is implicated in all of our limit-experiences (Foucault's term for

3. Georges Bataille

experiences of transgression, those that take us to or beyond the limits of intelligibility and propriety). Pushing consciousness to its limits leads to the unconscious, which after Freud we all know is a maelstrom of sexual desires. The limit of the laws of human societies is the universal taboo of incest. And the limits of language, specifying, in Foucault's words, 'just how far speech may advance upon the sands of silence' ('A Preface to Transgression', EW II, 70), are, of course, always marked by the 'forbidden words' of sexuality.

Pornographic writing is typically a very conservative medium, of course, a series of clichés, clogged with erotic associations that stimulate desire, but not offering new modes of experience or thought. Bataille's pornography, however, is less likely to arouse than to shock, repel, and dazzle through the extremity of its images, all the more disturbing because they are expressed in classically limpid prose. It is further intensified by the paradox implicit in the post-Nietzschean world Bataille inhabits. In this world, God is dead, which means that there are no objectively defined limits of thought or action against which we can hurl ourselves. 'Profanation in a world that no longer recognizes any positive meaning in the sacred – is this not more or less what we may call transgression?' Our limits are ones that we know are set by ourselves, so passing beyond (transgressing) them can only mean rebelling against ourselves, via 'a profanation that is empty and turned inward upon itself, whose instruments are brought to bear on nothing but each other' (EW II, 70). But the very absurdity of this effort heightens the limit-experience through its defiance of the very laws of logic.

The point of this exercise in extremism is to release forces within language that will hurl us to the limits of our ordinary concepts and experiences and give us a (perhaps transforming) glimpse of radically new modes of thought. In all this, Bataille the author can claim no access to special infra- or ultra-rational insight from another world (he was, after all, in real life the most mundane of men: a head librarian at the Bibliothèque Nationale). But his writing is designed to unleash from language new transgressive truths that will take him and his readers beyond the realm of their knowledge and capacity of expression.

But Bataille's pornographic violence is by no means the only way to make a space for language itself to speak. Whereas his prose flows from an excess of subjectivity, from erotic fantasy incited to extraordinary limits, the writing of Maurice Blanchot shimmers with a strangeness that seems due to the complete withdrawal of all subjectivity. As Foucault reads him, Blanchot is a master of the 'thought of the outside', a thought (or even an experience) that, just as in Bataille, embodies 'the breakdown of philosophical subjectivity and its dispersion in a language that dispossesses it while multiplying it within the space created by its absence' ('A Preface to Transgression', EW II, 79). Foucault traces this experience from Sade and Hölderlin though Nietzsche and Mallarmé to Artaud, Bataille, and Klossowski, to a culmination in Blanchot, whom, he says, 'is perhaps more than just another witness to this thought'. For, while his predecessors have expressed the thought of the outside by, in their various ways, separating language from its roots in divine and human consciousness, Blanchot is so completely absent from his texts that 'for us he is that thought itself – its real, absolutely distant, shimmering, invisible presence, its necessary destiny, its inevitable law, its calm, infinite, measured strength' ('The Thought of the Outside', EW II, 151). We might say that to Bataille's ecstatic of violation there corresponds Blanchot's ascetic of withdrawal. In the paradoxes of limit-experience, the two are equivalent. For both – though Foucault may think more purely and decisively in Blanchot – the central and controlling subject is replaced by language itself. Not language as the instrument or expression of consciousness, but language 'in its attentive and forgetful being, with its power of dissimulation that effaces every determinate meaning and even the existence of the speaker' (EW II, 168).

Transgression, paradox, and the dispersion of subjectivity all converge on the ultimate limit-experience of madness itself, of those who have, as we say, 'gone off the deep end'. We will discuss Foucault's rich and provocative treatment of madness later, but it will be no surprise that he took special interest in the works of 'mad' authors such as Nietzsche, Artaud, and Raymond Roussel (all of whom were at one point or another clinically diagnosed as insane). Foucault, however, emphasizes that even in these cases the writer's achievement is never literally that of a madman. 'Madness', he reminds us, 'is precisely the absence of the work of art' (MC, 287). Full-blown insanity makes significant writing impossible, and we do not, for example, consider Nietzsche's last mad postcards from

Turin (signed 'Christ' and 'Dionysus') as parts of his oeuvre. The privilege and special interest of 'mad' writers is due to their liminal position at the border of the sane world. Their writing operates in the twilight zone between coherence and incoherence, their mental 'disturbances' effecting the transgression and withdrawal that Bataille and Blanchot achieve by more deliberate means. We saw in Chapter 1 how Roussel used arbitrary restrictions to open the way for writing that was not driven by any intentions of expressing the author's ideas and that cleared a field for an essentially unguided unfolding of a linguistic structure. Other authors, influenced by Roussel, have used similar devices, particularly members of the Oulipo group (*Ouvroir de littérature potentielle*) such as Raymond Queneau, Georges Perec, Italo Calvino, and Harry Mathews. The most famous example is Perec's *La disparition*, a novel written in French without a single use of the letter 'e'.

Foucault's fascination with avant-garde literature is an aspect of his tendency to seek, in extreme (limit-) experiences, a truth and fulfilment beyond that of ordinary existence. As he said in an interview (just two years before his death):

> those middle-range pleasures that make up everyday life ... are nothing for me ... A pleasure must be something incredibly intense ... Some drugs are really important for me because they are the mediations to those incredibly intense joys that I'm looking for.
>
> ('Michel Foucault: An Interview by Stephen Riggins', EW I, 129)

But while this lure of intensity remained important for Foucault as a private individual, he seems, after the 1960s (when he wrote almost all of his literary essays), to have gradually become less convinced that limit-experiences and the literature that evokes them were the keys to transforming society. Instead, he moved to a much more political conception of what was needed to effect human liberation. In our next chapter, we will follow this thread of Foucault's thought.

Chapter 3
Politics

My point is not that everything is bad but that everything is dangerous.

Michel Foucault was quite proud of the fact that he was difficult to classify politically:

> I think I have in fact been situated in most of the squares of the political checkerboard, one after another and sometimes simultaneously: as an anarchist, leftist, ostentatious or disguised Marxist, technocrat in the service of Gaullism, new liberal, and so forth . . . None of these descriptions is important by itself; taken together, on the other hand, they mean something. And I must admit that I rather like what they mean.
>
> ('Polemics, Politics, and Problematizations', EW III, 115)

Although Foucault was away in Tunisia during the student revolts of May 1968, Maurice Blanchot reports having seen and spoken to him at a demonstration at this time. If so, this was the only encounter between Foucault and the man he said he once 'dreamt of being'. Whether or not the story is true – Foucault may have returned for a few days that summer – it works nicely as a symbol of the tension between the aesthetic and the political in Foucault's life and thought. Perhaps he met his literary hero only at the very point at which he began to move away from high art as our saving liberation to an acceptance of the mundane political sphere as the inevitable battleground for human freedom. At any rate, Foucault's attitude changed at the end of the 1960s and, by 1977, he was speaking of modernist literary theory in the past tense, noting that the wave of interest in the 1960s (with critics such as Barthes, writers such as Sollers, and journals such as *Tel Quel*) amounted to its swan song. What Foucault failed to mention was that he was an important voice in the chorus.

There may be no need to see Foucault's writings as taking a radically new direction in the 1970s. His own suggestion – 'I ask myself what else it was I was talking about in *Madness and Civilization* and *The Birth of the Clinic*, but power' – has some plausibility, though he goes on to say that he did not have the conceptual tools to thematize power in his book on madness ('Truth and Power', EW III, 117). But there is no doubt that after 1968 his work had a directly political cast that corresponded, in his life outside writing, to a much increased activism.

Particularly since World War II – if not since the Dreyfus Affair or the French Revolution – there has been a strong political tone to French intellectual life. Abstruse philosophical or sociological treatises are denounced or praised because of their perceived *prises de position* on political issues of the day. This attitude is especially apparent in Jean-Paul Sartre's insistence that writing must be committed (*engagée*). *La littérature engagée* is, for Sartre, writing that recognizes its inevitable relation to its historical situation and strives to make its readers aware of and act on the potential for human liberation implicit in that situation. Such writing is not, Sartre maintains, mere propaganda because it is not the servant of any specific ideology but expresses the 'eternal values implicit in social and political debates' (*Situations II*, 15).

Foucault, like all the intellectuals of his generation, grew up under the shadow of Sartre, and his politics in particular need to be

4. Foucault and Sartre at a demonstration in Paris, 27 November 1972

understood *vis-à-vis* Sartre, whose defining political experience was the war and the German occupation of France. This experience led Sartre to see political decisions in the absolute terms of loyalty and betrayal, corresponding to the stark choice either to support the Resistance or to collaborate. As he put it: 'whatever the circumstances, and wherever the site, a man is always free to choose to be a traitor or not'. (Much later, after citing this passage in an interview, he said that 'when I read this, I said to myself: it's incredible, I actually believed that!' and attributed his attitude to the 'drama of the war and the experience of heroism' – *Between Existentialism and Marxism*, 33–4.) Another lesson of the war – and not just in Sartre's mind – was the morally and politically privileged position of the French Communist Party. As the vanguard of the Resistance, the Communists had earned the gratitude and respect of even those French who did not sympathize with their political and social goals. For leftist intellectuals like Sartre, the Communists had an unquestionable credibility in post-war France. This did not entail membership of the Party, and Sartre himself never joined. But for a long time the Communists' agenda dominated his political thought and activity, and there was a period in the 1950s when, whatever his private reservations, his public stance was one of total support for the Party, even at the price of breaking with his friends Albert Camus and Maurice Merleau-Ponty. It is no surprise that he came to see Marxism as 'the one philosophy of our time which we cannot go beyond' (*Critique of Dialectical Reason*, xxxiv).

Foucault, born 21 years after Sartre, did not experience the war as a politically awakened adult but as a confused adolescent. Coming to maturity in the political instability and ambiguity of post-war France, he was sceptical of Sartre's ethical and political absolutes and questioned the pretensions of what he came to call, with Sartre clearly in mind, the 'universal intellectual', a free spirit, 'the spokesman of the universal', 'speaking in the capacity of master of truth and justice' ('Truth and Power', EW III, 126). This was no doubt once a worthy calling, but today, according to Foucault, universal systems of morality no longer provide effective responses to social and political problems. We need detailed responses formulated by those concretely involved in the problems. This, Foucault maintains, is the domain of the 'specific intellectual', for example the teacher, engineer, doctor, or consultant who 'has at his disposal, whether in the service of the State or against it, powers which can benefit or irrevocably destroy life' (EW III, 129) – not Sartre but Oppenheimer.

It is sometimes suggested that Foucault saw himself as a specific intellectual, but (apart from his early work in psychiatric hospitals), he did not generally have that sort of particular responsibility in the social system. Call him rather – though he himself does not use the term – a 'critical intellectual', someone who does not speak with the authority of universal principles or of specific social or political responsibilities but simply on the basis of his historical erudition and analytical skills. Neither 'the rhapsodist of the eternal' nor 'the strategist of life and death' (EW III, 129), the critical intellectual provides the intellectual tools – awarenesses of strategic and tactical possibilities – those in the political trenches need to fight their battles.

Foucault's most obvious political separation from Sartre appears in his attitude toward Marxism and the Communist Party that was its primary representative. Early on, Foucault did feel the tug of the Marxist viewpoint. 'I belong', he told an interviewer, 'to that generation who as students had before their eyes, and were limited by, a horizon consisting of Marxism, phenomenology, and existentialism' (RR, interview, 174). (The influence of existential phenomenology – especially of the early Heidegger – on Foucault is most apparent in his long introduction to the French translation of Ludwig Binswanger's essay *Traum und Existenz*.) Particularly because of the influence at the École Normale of Louis Althusser, who was the leading theoretician of the French Communist Party, Foucault's early intellectual attachment to Marxism was strong. In his first book, *Maladie mentale et personnalité*, he characterized non-Marxist approaches, including the existential, as providing only 'mythical explanations', and maintained that mental illnesses arise ultimately from 'contradictions' determined by 'present economic conditions in the form of conflict, exploitation, imperialist wars, and class struggle' (86). In one sense, Foucault went even further than Sartre, and was for a time a member of the French Communist Party. But he was very soon disillusioned with both the theory and the practice of Marxism. He quit the Party after only 'a few months or a little more' ('Michel Foucault répond à Sartre', DE I, 666) – in fact, it was closer to a year – and, in a 1962 second edition of his book on mental illness (retitled *Maladie mentale et psychologie*) covered his tracks. He eliminated almost all Marxist elements, including his entire concluding chapter, which had argued that Pavlov's theory of the reflex was the key to understanding mental illness, and added an entirely new historical dimension based on his just-published doctoral thesis, *The History of Madness*.

Foucault's subsequent attitude toward Marxism was complexly ambivalent. *The Order of Things*, for example, made the shocking claim that Marx's economic thought was not at root original or revolutionary, that the controversies it occasioned 'are no more than storms in a children's wading pool' (OT, 262). But when pressed on this point in a later interview, he explained that he was speaking only of Marx's significance for the specific domain of economics, not of his unquestionably major role in social theory ('Sur les façons d'écrire l'histoire', interview with Raymond Bellour, DE I, 587). It is hard to avoid the conclusion that, throughout his writings, Foucault took Marxism quite seriously but was quite happy to tweak the pretentious sensibilities of contemporary French Marxists, for whose sake he would introduce teasing remarks into his writings and interviews. So, for example, he says, to the reproach that he doesn't cite the text of Marx in places where this would be appropriate, that of course he does refer quite obviously to Marx on many occasions, but doesn't bother to give explicit footnotes to guide those who don't know their Marx well enough to pick up the reference (P/K, 'Prison Talk', 52). On the other hand, Foucault is quite explicit in acknowledging in *Discipline and Punish* the importance of the Marxist work of Rusche and Kirchheimer for his history of the prison.

Foucault's most direct statement of his attitude toward Marxism occurs in an interview with Paul Rabinow about a month before his death: 'I am neither an adversary nor a partisan of Marxism; I question it about what it has to say about experiences that ask questions of it' ('Polemics, Politics, and Problematizations', EW I, 115). Here Foucault is treating Marxism as an example of what, in this interview, he calls 'politics', by which he seems to mean a general, theoretically informed framework for discussing current political issues. His point is that such frameworks should never be simply assumed as an adequate basis for political decisions, but should be regarded merely as resources that may (or may not) suggest viable approaches to problems we face. Here he cites the paradigm example of the 1968 student revolt, which, he insists, involved asking a set of questions – 'about women, about relations between the sexes, about medicine, about the environment, about minorities, about delinquency' – that were not traditionally treated by established political viewpoints such as Marxism. At the same time, he notes, the student activists seemed to assume that Marxism was the proper vehicle for discussing these questions: 'there was a desire to rewrite all these problems in the vocabulary of a theory that was derived more or less directly from Marxism'. But, he concludes, Marxism was inadequate to the task: there was 'a more and more manifest powerlessness on the part of Marxism to confront these problems'. On the positive side, he concludes, we had learned that serious political questions could be raised independently of accepted political doctrines ('politics') so that, as a result, 'now there was a plurality of questions posed to politics rather than the reinscription of the act of questioning in the framework of a political doctrine' (EW I, 115).

Foucault generalizes his point in a political distinction between *polemics* and *problematizations*. Polemics comes to political issues with a general doctrinal framework it accepts as the only adequate basis for discussion. Anyone who does not accept the framework is treated as an enemy who must be refuted, not as a partner in the search for a solution. Like parallel enterprises in religion (the eradication of heresy) and the judiciary (criminal prosecution), polemics 'defines alliances, recruits partisans, unites interests or opinions, represents a party; it establishes the other as an enemy, an upholder of opposed interests against which one must fight until the moment this enemy is defeated' (EW I, 112). (It is hard not to recall Sartre's pledge of allegiance to the Communist cause: 'an anticommunist is a rat . . . I swore to the bourgeoisie a hatred which would only die with me', 'Merleau-Ponty', in *Situations*, 198.) Foucault rejects polemics as 'sterilizing': 'Has anyone ever seen a new idea come out of a polemic?' Moreover, 'it is really dangerous to make anyone believe that he can gain access to truth by such paths and thus to validate, even if merely in a symbolic form, the real political practices that could be warranted by it'. Ordinarily, Foucault says, the worst consequences of the polemical attitude 'remain suspended', presumably because there is no decisive victor among the warring viewpoints. But, he says, we know what happens when one side is able to triumph: 'one has only to look at what happened during the debates in the USSR over linguistics or genetics not long ago' (EW I, 113).

Problematization does not ignore the doctrinal frameworks of polemical disputes – which are after all a primary source for our thinking about political questions. But it begins with questions that arise not necessarily from the frameworks themselves but from our 'lived experiences' in society. We can and should put these questions not only to the doctrinal frameworks (to 'politics'), but also to a variety of frameworks and with no assumption that all or any of them will offer adequate answers. Political discussions should be driven by the concrete problems that raise our questions, not by the established theories that claim to be able to answer them.

Foucault also makes his point in Richard Rorty's pragmatic language of the 'we' (group consensus) – and at the same time responds to an important challenge to his approach to politics. Rorty, Foucault notes, has pointed out that Foucault's political analyses 'do not appeal to any "we" – to any of those "*we*s" whose consensus, whose values, whose traditions constitute the framework for a thought' (EW I, 114). Rorty's worry was that, by not beginning from any consensus, Foucault was confusing the private and public domains of discourse and seeking a public endorsement of values (for example, the pursuit of intense limit-experiences) that

5. Foucault at a protest meeting in Berlin, January 1978

are appropriate only as part of an individual's self-creation, not as the norms of a liberal society. Foucault's response is, in effect, that the 'we' is essential, but as an outcome not a presupposition of political discussion: 'it seems to me that the "we" must not be previous to the question, it can only be the result – and the necessarily temporary result – of the question as it is posed in the new terms in which one formulates it' (EW I, 114–15).

This is an effective response but one that implicitly concedes a key point of Rorty's challenge. The questions that precede and generate political consensus must, of course, themselves be ones that can be formulated in the mundane vocabularies of everyday discourse; otherwise they would not even be candidates for subsequently agreed-upon answers. But this means that 'inexpressible' limit-experiences, whatever their role in private lives, can have no place in the public forum of political discussion. Foucault can deny Rorty's assumption that political discussion must begin from substantial agreement (say on the liberal political creed), but he must also admit that Rorty is right about the political irrelevance of the irreducibly private values on which Foucault placed so much emphasis in his early aesthetic writings.

If political debate is not grounded in theoretical frameworks, it is fair to ask to what authority it does appeal. Often, of course, we can get along without raising questions about the ultimate justification of values; the factual questions of how to achieve certain goals are foregrounded against the backdrop of implicit shared commitments. In such cases, we might say, the issues are ones of pragmatic reform rather than fundamental revolution. Foucault, however, rejected the separability of questions of reform (transformation), working within an established system, and the revolutionary critique of the system. Discussing with Didier Eribon the election of François Mitterrand's socialist government in 1981, Foucault resisted Eribon's suggestion that his sympathy with the opening moves of the new regime meant that he thought it would be 'possible to work with this government' ('So Is It Important to Think?', EW III, 455). He rejected 'the dilemma of being either for or against' and went on to argue that even reformist projects (within a system) require 'criticism (and radical criticism)', since any reform worthy of the name requires questioning modes of thought that say it is impossible. Accordingly, we cannot chose between 'an inaccessible radicality' and 'the necessary concessions to reality'. Rather, 'the work of deep transformation [reform] can be done in the open and always turbulent atmosphere of a continuous [revolutionary] criticism' (EW III, 457).

But this position makes all the more insistent the question of what grounds fundamental criticisms of existing regimes, since for Foucault such criticism should be a constant of political life, not just of special moments of revolutionary upheaval. We can get a sense of Foucault's response to this question by examining his controversial discussion of the Iranian revolution, with which he expressed an early sympathy that disconcerted many. But Foucault's sympathy was with the basic act of revolt: 'the impulse by which a single individual, a group, a minority, or an entire people says, "I will no longer obey," and throws the risk of their life in the face of an authority they consider unjust' ('Useless to Revolt?', EW III, 449). Such an act, he says, is 'irreducible' and even an 'escape' from 'history, and its long chains of reasons'. The decision 'to prefer the risk of death to the certainty of having to obey' is the 'last anchor point' for any assertions of rights, 'one more solid and closer to experience than "natural rights"' (EW III, 449).

But, the philosopher in us will ask, what is the status of this will to revolt? No doubt there is a kind of authenticity in the acceptance of death as the possible price of freedom, but, as Foucault puts it, 'Is one right to revolt, or not?'. At least in this discussion, he avoids answering: 'Let us leave the question open. People do revolt; that is a fact . . . A question of ethics? Perhaps. A question of reality, without a doubt'. All he is willing to say is that it is only through such revolt that 'subjectivity (not that of great men, but that of anyone) is brought into history' (EW III, 452), making human lives not just a matter of biological evolution but genuinely historical, and that his commitment as an intellectual is 'to be respectful when a singularity revolts, intransigent as soon as power violates the universal' (EW III, 453).

Not a very satisfactory response, we might say, especially when we recall that the revolution in question is one that led directly to a tyranny of stonings and severed hands. Foucault admits that the Iranian revolution contained, from the beginning, seeds of its own atrocities: 'the formidable hope of making Islam into a great civilization once again, and forms of virulent xenophobia'. He insists, however, that 'the spirituality which had meaning for those who went to their deaths has no common measure with the bloody government of an integrist clergy' (EW III, 451). But wasn't the spirit of revolt equally in those who died and those who lived to tyrannize? And isn't there every reason to think that a reversal of fates would have turned the martyrs into clerical tyrants? How can we be 'respectful' of revolts that we have every reason to think will lead to a new tyranny? Foucault says there is no inconsistency 'when today one is against severed hands, having yesterday been against the tortures of the Savak' (EW III, 452). But why respect a movement opposing the Savak when you know that it will lead to equal outrages?

In other places, Foucault employs the category of the 'intolerable' to characterize practices or situations that are the legitimate objects of resistance or revolt. This has the advantage of allowing us to differentiate some instances of revolt as morally appropriate (because they oppose what is intolerable) and others as not. Foucault's 'respect' for the Iranian revolution may reflect his reluctance to judge a case of obviously sincere commitment that he could not know from the inside. Presumably, he would act differently regarding movements within his own culture, where he would be in a position to judge whether or not what they opposed was intolerable. But there is no doubt that he would see such a judgement as itself an irreducible given, not the outcome of the application of the theoretical categories of a political or other ethical framework. In the end, there can be no authority other than the judgement of those who directly experience a situation.

Chapter 4
Archaeology

I am not a professional historian; nobody is perfect.

Foucault is often treated as a philosopher, social theorist, or cultural critic, but in fact almost all of his books were histories, from *The History of Madness* to the *History of Sexuality*; and when the Collège de France asked for a title for his chair, his choice was 'Professor of the History of Systems of Thought'. Nonetheless, he saw his historical work as quite different from standard work in history of ideas and characterized it in distinctive terms, first as the 'archaeology' of thought and later as 'genealogy'.

Foucault's idea of an archaeology of thought is closely linked to the modernist literary idea that language is a source of thought in its own right, not merely an instrument for expressing the ideas of those who use it. Here, however, the project is not to open up, through transgression or withdrawal, a field for language itself to 'speak'. Rather, Foucault begins with the fact that, at any given period in a given domain, there are substantial constraints on how people are able to think. Of course, there are always the formal constraints of grammar and logic, which exclude certain formulations as gibberish (meaningless) or illogical (self-contradictory). But what the archaeologist of thought is interested in is a further set of constraints that, for example, make it 'unthinkable' for centuries that heavenly bodies could move other than in circles or be made of earthly material. Such constraints seem foolish to us: why couldn't they see that such things are at least possible? But Foucault's idea is that every mode of thinking involves implicit rules (maybe not even formulable by those following them) that materially restrict the range of thought. If we can uncover these rules, we will be able to see how an apparently arbitrary constraint actually makes total sense in the framework defined by those rules. Moreover, he suggests that our own thinking too is governed by such rules, so that from the vantage point of the future it will look quite as arbitrary as the past does to us.

Foucault's idea is that this level of analysis, of what is outside the control of the individuals who actually do the thinking in a given period, is the key to understanding the constraints within which people think. So the 'history of ideas' – where this means what is consciously going on in the minds of scientists, philosophers, *et al.* – is less important than the underlying structures that form the context for their thinking. We will not be so much interested in, say, Hume or Darwin as in what made Hume or Darwin possible. This is the root of Foucault's famous 'marginalization of the subject'. It is not that he denies the reality or even the supreme ethical importance of the individual consciousness. But he thinks that individuals operate in a conceptual environment that determines and limits them in ways of which they cannot be aware.

There are, besides archaeology, two other plausible metaphors for Foucault's new intellectual enterprise: geology and psychoanalysis. Sartre suggested the geological analogy, and Foucault himself employs it when he speaks of the 'sedimentary strata' (AK, 3) uncovered by the kind of historical approach he proposes. But this metaphor misleadingly suggests that we can, like the geologist, actually reach and 'see for ourselves' the underlying structures of thought, whereas all we actually have access to are the surface effects (specific uses of language) from which we must somehow infer what lies beneath. The psychoanalytic metaphor, which Foucault himself emphasizes, rightly presents the underlying structures as part of an unconscious and as discovered only through analysis of linguistic events of which we are aware. But, unlike psychoanalysis, Foucault's history is not hermeneutic; that is, it does not try to *interpret* what we hear and read in order to recover its deeper meaning. It deals with texts but treats them not as documents but, in the manner of an archaeologist, as monuments (AK, 7). Archaeologists of knowledge, in other words, do not ask what Descartes' *Meditations* mean (that is, what ideas Descartes was trying to express in them). Rather, they use what Descartes – and many other writers, famous or not, of the same period – wrote as clues to the general structure of the system in which they thought and wrote. The interest, to invoke the archaeological analogy once more, is not in the particular object (text) studied but in the overall configuration of the site from which it was excavated.

Just as the modernist avant-garde aimed at writing without the author, so Foucault's archaeology aims at history without the individual subject. Contrary to what is often suggested, this does not mean the total exclusion of the subject from history; Foucault is, after all, talking about *our* history. But archaeology emphasizes that the stage on which we enact our history – as well as much of the script – is established independently of our thoughts and actions. This separates it from conventional history, which tells of individual subjects moving through time. Standard history of ideas, in particular, tells how philosophers, scientists, and other thinkers developed and transmitted to their successors key concepts and theories. Foucault does not exclude such 'subject-centred' accounts, but he points out that they are prone to characteristic distortions. They treat history as a story, a narrative, which, since it is told from the standpoint of one or more person's experiences, assumes the continuity and goal-directedness of consciousness. History thus becomes a novel, with a plot unified by the concerns of human beings and leading to a humanly meaningful conclusion. Such narration has a superficial validity, but it ignores the extent to which the apparent continuity and purposiveness of history may be due to the false assumption that human history is primarily driven by the experiences and projects of the consciousnesses that live it. Archaeology introduces factors outside consciousness that may belie the continuity and direction that we read into our lives.

To illustrate Foucault's point, consider the much abused 'Whiggish' interpretations of history, which tell a tale of gradual progress toward our glorious present. (The term 'Whiggish' refers to the ideology of the Whig Party, which permeates Lord Macaulay's famous *History of England*.) While 20th-century historians denigrate the naiveté of assuming that the past should be read as a continual progress toward ourselves as its manifest purpose, their alternative has typically been to tell the story of a past time in terms of its own conceptions and concerns – a narrative of 'how-it-then-seemed-to-them'. But why, for example, should the Elizabethans' perspective on their history be privileged over Lord Macaulay's, and why should either be privileged over, say, that of the biological, meteorological, or geographic factors that may well have had far more influence on their history than anything the Elizabethans thought? This, indeed, was the approach that proved so fruitful for the French *Annales* school of historiography (named after its journal), which Foucault cites very positively at the opening of *The Archaeology of Knowledge*, where he reflects on his own effort to extend the Annales methodology to the history of thought.

We may object that such an extension is incoherent, since, obviously, what the Elizabethans thought was decisive for the history of their thought. Foucault, however, is precisely questioning the alleged truism. The archaeologist suggests that much of 'what the Elizabethans thought' – in the normal sense of 'what ideas they were consciously aware of' – may have been the rather distant outcome of factors quite outside their consciousness. On the other hand, Foucault is not pursuing the project of explaining ideas by external social or economic forces, in the manner of Marxism or other forms of historical materialism. His project is rather to offer an *internal* account of human thinking, without assuming a privileged status for the conscious content of that thought – thought without a privileged role for the thinker, parallel to writing without a privileged role for the writer. And, as in the case of modernist literature, the key to this project is language, conceived as a structure independent of those whose use it. This suggests yet another analogy helpful for understanding Foucault's project – it is like Chomsky's linguistics, which tries to uncover the 'deep structure' of our language. Foucault, however, is not concerned with formal (syntactic or semantic) structures but those that constrain the material content of what is said and thought.

This notion of 'constraining' thought suggests one final disciplinary analogy for the archaeology of thought: the effort, characteristic of so much philosophy since Kant, to determine the 'conditions of possibility' of our concepts and experience. Kant called these conditions 'transcendental' because they are neither empirical (that is, due to the contingent history of human life) nor transcendent (that is, due to necessary constraints imposed on us from outside). Rather, they are conditions necessary, given our situation as finite knowers, for our being able to have any experience at all of a world. On Kant's view, the transcendental conditions on the possibility of experience require, for example, that we experience objects as existing in space and time and as substances subject to causal laws. Since such conditions are prior to experience, Kant called them '*a priori*' (as opposed to the '*a posteriori*' truths that are derived from our experience).

Foucault sometimes characterized his archaeological project in Kantian language, saying that it sought the 'conditions of possibility' for thought in a given period (OT, xxii). For Kant, however, such conditions were universally applicable, necessary constraints on all possible experiences, whereas for Foucault they are contingent on the particular historical situation and vary over times and domains of knowledge. The concept of invariant species was a necessary condition for the knowledge of life in the 18th century but not the 20th. Consequently, Foucault says that archaeology leads to only relativized 'historical *a prioris*', not the atemporal, absolute *a priori* truths that Kant claimed to have discovered. This difference is deep, since Kant's claims of universal necessity required his transcendental project to invoke methods beyond those of empirical studies such as natural science and history; they required a distinctively philosophical *a priori* method of transcendental argument. Foucault may employ Kant's terminology, but his project seeks no truths beyond those available to the empirical methods of historiography.

Foucault's archaeology leads to some striking challenges to received ideas in the history of science. It is, for example, commonly held that Lamarck anticipated Darwin's evolutionary ideas, whereas Cuvier was solidly opposed to the thought of species emerging through gradual changes over a long period. In *The Order of Things*, Foucault agrees that Lamarck speaks of species changing over time (through the inheritance of acquired characteristics), whereas Cuvier's theory posits species that are fixed once and for all. But he maintains that these conflicting opinions cover up a more fundamental division. Lamarck works within a general archaeological framework (an 'episteme' in Foucault's terminology) associated with the 'Classical Age' (roughly, Europe – and especially France – from 1650 to 1800). According to Foucault's analysis, the Classical episteme allows no essential role for time in its view of nature. All the possible kinds of living things are predetermined in total independence of historical developments and can be expressed entirely in atemporal tables of genera and species. The actualization of genera and species in time need not realize all the possibilities simultaneously, but the order of their appearance would have to be strictly in accord with the atemporal relations specified by the tables of genera and species. Lamarck postulated such a process of successive realization, but had (and could have) no idea of there being historical causes that produced the differences in species that came to exist at different times.

Cuvier, admittedly, claimed that in fact all species had existed from the beginning and so were not produced by historical causes. But,

6. Georges Cuvier examining animal fossils, after an original painting by Chartran

unlike Lamarck, he worked in the modern episteme (dominant from around 1800), which, in sharp contrast to the Classical episteme, regarded life forms as essentially historical entities and so allowed the possibility of their formation through historical, evolutionary causes. Cuvier, therefore, contradicts Darwin only on the superficial level of what in fact actually happened. Lamarck, although he subscribes to verbal formulas similar to Darwin's, disagrees at a deeper level about what it means to be a species. Between the middle of the 18th century and the middle of the 19th century, there occurred a fundamental break in the European conception of living things; Lamarck was on one side of this division, Cuvier and Darwin on the other. Standard history of ideas misses this key point because it attends only to the theories of individual thinkers and ignores the underlying archaeological frameworks necessary to grasp their ultimate significance.

Foucault provides a detailed formulation of archaeology as an historiographic method in *The Archaeology of Knowledge*, but the method was gradually developed earlier in three histories written in the 1960s: *The History of Madness*, *The Birth of the Clinic*, and *The Order of Things*. Since it was forged in efforts to treat particular historical problems, it is better evaluated by its historical results than by its persuasiveness as a general epistemological theory. And there have been quite severe assessments by academic historians. Andrew Scull, for example, endorses what he rightly says is 'the verdict of most Anglo-American specialists: that [*The History of Madness*] is a provocative and dazzlingly written prose poem, but one resting on the shakiest of scholarly foundations and riddled with errors of fact and interpretation'.

To illustrate the problems historians have had with Foucault's archaeology, let us take a look at one of his key claims in *The History of Madness*: that, in the middle of the 17th century, the practice of confinement (isolating the mad from the general population in special houses of internment) took on a central significance and was essentially connected with the Classical Age's fundamental view of madness as a rejection of reason that left no place for the mad in rational society. Roy Porter, until his death in 2002 the leading historian of insanity in the English-speaking world, has noted that studies of the treatment of the mad in particular regions of England show 'that lunatics typically remained at large, the responsibility of their family under the eye of the parish'. Although some of the mad were confined, the numbers were quite small: perhaps as few as 5,000 and surely no more than 10,000 by the early 19th century. Confinement, Porter suggests, was much more a 19th-century phenomenon; during the Classical Age, 'the growth in the practice of excluding the mad was gradual, localized, and piecemeal' ('Foucault's Great Confinement', 48).

But notice that Porter's critique is based on just the sort of individual beliefs and actions that are precisely not the primary concern of Foucault's archaeology. Foucault is not making empirical generalizations about what people in various countries thought or did; he is trying to construct the general mode of thinking (episteme) that lay behind what was no doubt a very diverse range of beliefs and practices. An episteme must, admittedly, be reflected in the factual beliefs and actions of those whose thought is constrained by it. But there is no simple correspondence between a general structure of thought and specific beliefs and actions. When my psychoanalyst tells me that I unconsciously hate women, she is not refuted by my truthful claim that I call my mother every week and never forget my wedding anniversary. It may still be true that I have a deep animus toward women that comes out in certain paradigm cases of my behaviour.

Similarly, confinement – whatever the details about its extent in different regions at different times – may represent a distinctive Classical way of thinking about madness. This is not to say that Foucault's claim in unfalsifiable. But it needs to be tested as a general interpretative hypothesis; that is, evaluated by its fruitfulness in making overall sense of a large body of data and suggesting new lines of inquiry. It should not be judged as an empirical generalization – like 'all crows are black' – that can be refuted by a single counter-example.

We may, finally, wonder whether archaeology has any connection with the political orientation of Foucault's work, which we discussed in the preceding chapter. It might seem that archaeology, with its emphasis on abstract linguistic structures, could have little to do with the realities of political power, which, admittedly, becomes an explicit theme in Foucault's work only in the 1970s, when he develops his genealogical method. But archaeology is not without its own political (and ethical) potency. This potency arises from its ability to present us with alternative modes of thinking that challenge the necessity that we find in our own modes of thought. Here it is important that Foucault's archaeological analyses are never of cultures radically foreign to ours. He begins *The Order of Things* with the famous quotation from Borges of a categorization, from a mythical 'Chinese encyclopedia', of the types of animals ('belonging to the Emperor', 'embalmed', . . . 'stray dogs', 'included in the present classification', . . . , 'innumerable', . . . 'that from a long way off look like flies'). This quotation well represents our reaction when archaeology presents us with a sharply different fundamental mode of thinking: 'the stark impossibility of thinking *that*' (OT, xv). But, while Foucault's archaeologies do exhibit such impossibilities, these are drawn not from the inaccessible distance of a China but from the relatively recent past of our own Western culture: the Europe of the 16th through 18th centuries.

Archaeology, then, shows us apparently 'impossible' modes of thought that were, nonetheless, quite possible for our not so distant intellectual ancestors. We believe, for example, that there is no rational alternative to thinking of madness as 'mental illness', but Foucault's archaeology shows that little more than 200 years ago people such as Descartes and Leibniz – the 'fathers' of our modern scientific world – thought of madness in an entirely different way. Such an exhibition has an implicitly destabilizing effect, suggesting that the framework underlying our concepts and beliefs may not have the inevitability we casually assign it. When these concepts are ones at the basis of ethically and politically charged practices (such as our treatment of the insane, our system of medical practice, our modern social sciences – the subjects, respectively, of Foucault's three archaeological studies), then clearly archaeology is not just a neutral description of linguistic abstractions.

Chapter 5
Genealogy

I am simply Nietzschean.

Since in Foucault's use the term genealogy proclaims his connection to Nietzsche, we should from the first be aware of what Foucault meant by being 'Nietzschean':

> I am tired of people studying [Nietzsche] only to produce the same kind of commentaries that are written on Hegel or Mallarmé. For myself, I prefer to utilise the writers I like. The only valid tribute to a thought such as Nietzsche's is precisely to use it, to deform it, to make it groan and protest. And if commentators then say that I am being faithful or unfaithful to Nietzsche, that is of absolutely no importance.
>
> (P/K, 'Prison Talk', 53–4)

Despite this unequivocal statement, commentators on Foucault have generally assumed that his notion of a genealogy is much the same as Nietzsche's and, in particular, that Foucault's close textual analysis of Nietzsche's notion in 'Nietzsche, Genealogy, History' is a definitive expression of his own view of what genealogy is as an historical methodology.

But this essay was written for a memorial volume in honour of Jean Hyppolite, Foucault's teacher at the École Normale, and is cast, with elegant modesty, as a meticulous *explication de texte*, of the sort Foucault no doubt frequently wrote for his old master. The essay scrupulously summarizes Nietzsche's view of genealogy but seldom comments in Foucault's own voice about the validity of the view. For this reason, we cannot simply assume – as many critics and commentators have – that Foucault himself endorses every formulation of this essay. In some respects, it is clear that the position Foucault presents is not his own. He would not, for example, agree with Nietzsche's frequent references to the feelings and intentions of subjects (the rivalries of scholars, the inventions of the ruling class, 'Nietzsche, Genealogy, History', EW II, 371) as primary engines of the history of thought; nor with Nietzsche's claim that the degeneracy of the 19th century is due to racial mixing (EW II, 384).

Moreover, as I will argue later, it is always risky to take Foucault's general theorizings – about historical method or anything else – as more than tools for some specific purpose. In any case, there is no genealogical counterpart to the detailed retrospective methodological analysis offered in *The Archaeology of Knowledge*. So it makes particular sense to approach genealogy primarily through Foucault's historical practice, not his scattered and not always consistent methodological pronouncements. Taking this approach, the first thing we notice is that there is only one clear sustained use of the genealogical method in Foucault's writings: his history of the prison, *Discipline and Punish*. The first volume of his *History of Sexuality* is ordinarily cited as another genealogical study, but we need to remember that this is merely a general introduction to a series of detailed genealogical studies that were never written; it itself offers only a few sketches of what these full studies might have been like. Foucault also sometimes refers to his last two books, on ancient sexuality, as genealogies, but, as we will see, this is so only in a very attenuated sense that has much more to do with their ethical intent than with their mode of historical analysis.

What, then, is the historical methodology of *Discipline and Punish*? The first thing we should notice is the important extent to which the methodology is still archaeological. For example, Foucault presents the distinctively modern technique of punishment by imprisonment in terms of the four main categories of archaeological analysis that he distinguished in *The Archaeology of Knowledge*. Imprisonment constitutes delinquents as a new class of *objects*, characterized by the *concepts* distinctive of the criminal character; moreover, it distinguishes various *modes of authority* (that of the judge, of the parole board, of the criminologist) and alternative *lines of strategic action* (for example, different ways of using solitude and work in the treatment of prisoners). However, the four key archaeological categories are here applied not just to language but to practices that go beyond mere linguistic expression to produce physical changes in their objects. *Discipline and Punish* is concerned, therefore, not just with the language (analysed by archaeology) through which we know the world, but with the power that changes the world.

Although archaeology is quite capable of describing the conceptual system underlying a practice, linguistic or not, it is not suited to describe the effects of a practice. It is a structural, synchronic mode of analysis, not a causal, diachronic method. Foucault discusses this limitation in his Foreword to the English translation of *The Order of Things*, where he notes that he has restricted himself to a *description* of systems of thought, with no attempt to *explain* changes from one system to another. 'The traditional explanations – spirit of the time, technological or social influences of various kinds – struck me for the most part as being more magical than effective.' However, Foucault had at this point no alternative sort of explanation to offer and so thought 'it would not be prudent . . . to force a solution I felt incapable, I admit, of offering'. 'Consequently', he says, 'I left the problem of causes to one side; I chose instead to confine myself to describing the transformations themselves, thinking that this would be an indispensable step if, one day, a theory of scientific change and epistemological causality was to be constructed' (OT, xiii).

By the time he wrote *Discipline and Punish*, Foucault had what he saw as an adequate method of causal explanation to complement archaeology. This was what he called genealogy: 'this book is intended . . . as a genealogy of the present scientific-legal complex' (DP, 23). What had he discovered since writing *The Order of Things*?

The first discovery was that changes in thought are not themselves the products of thought. This corresponds to Foucault's earlier rejection of the 'spirit of the time' and similar quasi-Hegelian modes of historical explanation, such as a collective unconscious. But neither was Foucault happy with historians' standard material modes of explanation in terms of technological or social influences. These are typically vague and general causes – the invention of printing, the rise of the bourgeoisie – that have explanatory force only to the extent that we see history as moving towards correspondingly vague and general goals, such as democracy and secularism. Foucault was sceptical of grand teleological narratives focused on such goals and proposed instead accounts based on many specific 'little' causes, operating independently of one another, with no overall outcome in view. On such an approach we might, for example, discuss not the 'invention of printing' but an entire complex of developments in the production and distribution of newspapers and magazines (new sorts of presses, styles of reporting, methods of making paper, subscription schemes, and so on) that would in turn have a wide and disparate range of social, economic, and political effects. Or, to cite an example from Foucault himself, in *Discipline and Punish* he shows how, among many other things, the invention of a new kind of rifle, more efficient ways of organizing the space of hospitals, and changes in the methods of teaching children penmanship all unwittingly contributed to the formation of a radically new system of social control.

A final discovery: that the objects of these diverse and specific causes are human bodies. The forces that drive our history do not so much operate on our thoughts, our social institutions, or even our environment as on our individual bodies. So, for example, punishment in the 18th century is a matter of violent assaults on the body: branding, dismemberment, execution, whereas in the 19th century it takes the apparently gentler but equally physical form of incarceration, ordered assemblies, and forced labour. Prisoners are subjected to a highly structured regimen designed to produce 'docile bodies'. A Foucaultian genealogy, then, is a historical causal explanation that is material, multiple, and corporeal.

Is it then Nietzschean? Nietzsche (like Foucault himself) offers many programmatic remarks on genealogy – not all mutually consistent – among which can be found passages that match the main elements of Foucault's practice. For example, Nietzsche speaks of genealogy in terms of tracing the *Hernuft* (stock or descent) of an idea or practice, which connects with Foucault's emphasis on the body. Similarly, Nietzsche presents genealogy as naturalistic rather than idealistic and talks of explaining morality, in particular, as a contingent phenomenon that developed from small 'accidental' causes. In fact, however, Nietzsche's most worked-out genealogy (*The Genealogy of Morality*) is very different from the project Foucault undertakes in *Discipline and Punish.* For one thing, Nietzsche's effort has nothing of the careful scholarship and documentary detail of Foucault's book. It is not the product of serious archival research – 'gray, meticulous, and patiently documentary' ('Nietzsche, Genealogy, History', EW II, 369) – but of an erudite amateur's armchair speculations. More significantly, Nietzsche's genealogy operates with psychological causes (the pride and ambition of the strong, the resentment of the weak, the malicious ingenuity of priests), which have little to do with Foucault's history of the body. Foucault offers no parallels to Nietzsche's deployment of Socratic weakness and Pauline rancour as key genealogical causes. Further, Christianity – the primary source, in Nietzsche's account, of what we mean by morality – is

7. Nietzsche (right), with his friends Lou Salomé and Paul Rée, Lucerne, May 1882

a global and monolithic cause, relentlessly insisting on the renunciation of this world in favour of an 'afterlife'. Simply as historical methodologies, Nietzsche's and Foucault's genealogies are quite different.

Nonetheless, Foucault is thoroughly Nietzschean in one fundamental respect: the critical intent with which he employs his genealogy. Nietzsche used genealogy to show that our most revered institutions and practices were 'human, all-too-human'. Foucault's genealogies likewise deconstruct, by showing their real origin, official meanings and evaluations involved in a society's self-understanding. 'Historical beginnings are lowly: not in the sense of modest or discreet like the steps of a dove, but derisive and ironic, capable of undoing every infatuation' (EW II, 372). To provide a genealogy is 'to identify the accidents, the minute deviations – or, conversely, the complete reversals – the errors, the false appraisals, and the faulty calculations that give birth to those things that continue to exist and have value for us' (EW II, 374). These quotations are Foucault's exposition of Nietzsche, but in this case they speak for himself as well.

It may seem that this critical use of genealogy falls into the genetic fallacy, arguing from the lowly origin of something to its lack of value. Suppose Nietzsche is right that morality originates 'in detestable, narrow-minded conclusions. *Pudenda origo* [shameful origin]' (*Dawn*, #102; cited in EW II, 370). How does that prove that morality has no authority? Or why, as Nietzsche also suggests, should our evolution from 'lower' animals undermine human dignity: 'We wished to awaken the feeling of man's sovereignty by showing his divine birth; this path is now forbidden, since a monkey stands at the entrance' (*Dawn*, #49; cited in EW II, 372).

It is not, however, the genealogist who introduces the question of origins. This is done when, for example, the Ten Commandments are said to have moral authority because God handed them to Moses on Mount Sinai, or when the subordination of women is said to be required by their biological nature. The fact of evolution does not refute human dignity, but it may help undermine, as the quote above from Nietzsche suggests, the claim that this dignity is grounded in our direct creation by God. Genealogical critique will avoid the genetic fallacy as long as it is directed at efforts to support established authorities on the basis of their origin. This understanding of genealogy is implicit in Foucault's claim that it reveals the contingency of that which was said to be necessary. Here necessity (due to divine will, human nature, or transcendental conditions of possibility) is the general category under which fall all efforts to justify practices and institutions in terms of their privileged origin.

Foucault sums up the value-orientation of genealogy by saying that it is a 'history of the present' (DP, 30–31). This is so in two senses. First, the subject matter of the history is the origins of present rules, practices or institutions that claim an authority over us. Second, the primary intent is not to understand the past in its own terms or for its own sake, but to understand and evaluate the present, particularly with a view to discrediting unjustified claims of authority. As a proponent of the idea of a history of the present, Foucault stands firmly with Nietzsche, however much the claim that their historical methods are the same must 'distort' Nietzsche's own practice, and 'make it groan and protest'.

There is another crucial area where Foucault's genealogy obviously evokes Nietzsche: in its claim that there is an intimate tie between knowledge and power. This claim develops Foucault's basic insight that changes in thought are not due to thought itself, suggesting that when thoughts change the causes are the social forces that control the behaviour of individuals. Specifically, given Foucault's archaeological view of knowledge, power transforms the fundamental archaeological frameworks (epistemes or discursive formations) that underlie our knowledge. Foucault is here staking out a position between the extremes of reducing knowledge to power (that is, the identification of 'A knows that p' with 'social forces compel A to accept p') and asserting the essential independence of knowledge and power (that is, the Utopian claim that 'A knows that p' implies 'A's acceptance of p is causally independent of all social forces'). To know is not simply to be affected by power; as Foucault once said of power and knowledge, 'The very fact that I pose the question of their relation proves clearly that I do not *identify* them' ('Critical Theory/Intellectual History', 43). On the other hand, knowing does not involve a total escape from power relations.

Moreover, Foucault claims that power has a positive epistemic role, not only constraining or eliminating knowledge but also producing it. Classical economics, for example, is a product of the capitalist socio-economic system that, despite obvious limitations due to its origin, has achieved a distinctive body of knowledge that would not exist without capitalism (AK, 186). Further, knowledge can have a transforming effect on the power structures that give rise to it. For example, governments that claim justification on the basis of a given body of knowledge (for example, of a people's history) can be challenged on the basis of those facts. Think of the political significance in Israel of new archaeological findings that can be interpreted as supporting or undermining Biblical claims about the early Judaic nation.

The idea that power and knowledge are closely bound readily recalls Nietzsche's obscure and controversial conception of the will-to-power, which he presents as the source of systems of thought (for example, Platonic philosophy, Christian theology) that claim to express pure, objective knowledge. Foucault had no sympathy for the metaphysical theorizing that is sometimes the context of Nietzsche's talk of will-to-power. But he was clearly impressed by and adopted Nietzsche's technique of looking for power behind sciences, religions, and other cognitive authorities that present themselves as grounded in nothing more the force of disinterested evidence and argument.

It is less clear that Foucault owes very much to Nietzsche for his idea that power can be productive of genuine knowledge. 'Nietzsche, Genealogy, History', at least, considers only the negative results of Nietzschean genealogy. Power for Nietzsche, as Foucault reads him, is always violence. Humans do establish systems of rules (social and, presumably, also epistemic), but these are merely vehicles for violent domination:

> Humanity does not gradually progress from combat to combat until it arrives at universal reciprocity, where the rule of law finally replaces warfare; humanity installs each of its violences in a system of rules and thus proceeds from domination to domination.

Interpretation, certainly an essential part of any system of knowledge, is for Foucault's Nietzsche 'the violent or surreptitious appropriation of a system of rules . . . in order to impose a direction, to bend it to a new will, to force its participation in a new game' (EW II, 378). It is hard to see how power that expresses itself exclusively in violence and domination can produce knowledge.

On the other hand, we may find it implausible to think that power can ever produce knowledge. Such doubt underlies the persistent claim (sometimes presented as criticism, sometimes as plaudit) that Foucault leaves no room for objective, non-relativized truth. If, the thought goes, everything I believe is determined by the power structures of my society, how can any of my beliefs have validity except relative to the standards of that society? And, although there are some who praise Foucault for jettisoning outdated and repressive notions of objective truth, there seems to be much more point to the critics' argument that such a position is self-refuting. If all beliefs are valid only relative to the power system from which they originate, then Foucault's relativist claims themselves have at best only this restricted validity. If we are subject to the same power regime as Foucault, presumably we already accept his position. If we are not, it has no relevance to us.

But why think that power cannot produce genuine knowledge? Of course, there are familiar cases such as brainwashing in which the causal production of belief by power relations negates the very possibility of knowledge. If you have forced me, through sleep deprivation and sensory disorientation, to believe that the Party's aims are good, then I cannot be said to know this, even if it happens to be true. But this does not mean that there are no forms of training and guidance (education, we might call it) that can produce genuine knowledge. Surely this is how children are initiated into the rudiments of mathematical, historical, and moral knowledge. As we grow up, a certain amount of what we have been taught becomes subject to reflective assessment, but certainly much of what we believe remains the result of social conditioning. Such examples, of course, are on the level of the conscious knowledge of individuals (*connaissance*, in Foucault's terminology), whereas Foucault is concerned with the underlying archaeological structures of knowledge (*savoir*). But the principle is the same in both cases: the mere fact that a cognitive state is an effect of power does not exclude it from the realm of knowledge. Power and knowledge are logically compatible.

Whatever we may think of this general defence, it is not clear that Foucault really needs it. He is, in the end, not interested in the sort of theoretical generalizations that lead to radical relativism and scepticism. Despite occasional unguarded univeral claims, he is only committed to regional, not global, scepticism. His project is to question quite specific claims to cognitive authority: roughly, those made by psychologists and social scientists (and not even all such claims). He clearly has no problem with many other domains, such as mathematics, physics, chemistry, and much of biology. His genealogies, therefore, should present particular reasons why we should doubt the claims to cognitive authority made by specific disciplines, not reasons to doubt any such claim at all. They should show that there is something particularly wrong with psychiatry or criminology that makes it a 'dubious discipline'. As we will soon see, this is precisely what they do.

Chapter 6
The masked philosopher

I am not very philosophical.

[*My writings*] *are the record of a long and tentative . . . philosophical exercise.*

Typically elusive regarding identity, Foucault sometimes allows and sometimes denies that he is a philosopher. When he consented to an interview in a series presenting the views of 'philosophers', he insisted on anonymity, presenting himself as a 'masked philosopher' ('The Masked Philosopher', EW I, 321–8).

The bureaucrats were quite certain that Foucault was a philosopher. He possessed advanced degrees in the subject (including the highest level, the doctorat d'état) and was a professor in several philosophy departments. Why, then, his own – and our – ambivalence?

To find an interesting answer to the question 'is X a philosopher?', we need a relevant context, which is most easily supplied by paradigm examples of philosophical activity. Is Foucault a philosopher in the sense of Socrates drinking the hemlock, of Diogenes searching with his lamp, of Descartes meditating in his room? In our time, the paradigm is Kant, who established philosophy as an autonomous theoretical enterprise: not, as for the ancients, a life-guiding wisdom; nor, as for the medievals, a handmaid to theology; nor even, as for Descartes and other early moderns, as part of a new scientific account of the world. In Kant – at least as the author of his three great critiques – philosophy presents itself as an academic discipline, alongside other disciplines, such as physics and mathematics, with its own theoretical goals, methods, and domain of inquiry. As a result, philosophy became a technical, specialist subject, not accessible to even highly educated non-professionals. Lord Macaulay, for example, complained that he, who had no problem with Plato, Descartes, or Hume, simply could not read Kant's *Critique of Pure Reason* (a book that, as Richard Rorty has said, anyone who is a philosopher must have read).

So, we might well ask, is Foucault a philosopher in this modern Kantian sense? The bureaucrats' criteria tells us that, at least, he was trained and certified as a philosopher in this sense. But was his work actually a contribution to the modern (Kantian) philosophical project?

Here we can turn to Foucault's own discussion of Kant and modern philosophy in an essay, published the year he died (1984), entitled 'What is Enlightenment?'. Quite typically, Foucault does not take as his touchstone Kant's 'major' works, such as the three critiques, but a short essay, 'a minor text, perhaps' (EW III, 303), that Kant also called 'Was ist Aufklärung?'. Foucault begins this essay with the suggestion that modern philosophy may well be defined as the effort to answer Kant's question: What is Enlightenment?

But what does this question mean? The Enlightenment was a distinctively modern movement, directed towards using reason to free mankind from the constraints imposed by traditional authorities – intellectual, religious, and political. In his essay, Kant said that the point of Enlightenment was to overcome our 'immaturity' by daring to think for ourselves (*sapere aude*), rather

8. Immanuel Kant

than accepting the authority of others. Foucault summarizes Kant's three examples: 'we are in a state of "immaturity" when a book takes the place of our understanding, when a spiritual director takes the place of our conscience, and when a doctor decides for us what our diet is to be' (EW III, 305).

Thinking for ourselves means reasoning: 'Kant, in fact, describes Enlightenment as the moment when humanity is going to put its own reason to use, without subjecting itself to any authority'. Kant understands his own philosophical project of the critique of reason as a necessary precondition of Enlightenment: 'it is precisely at this moment that the critique is necessary, since its role is that of defining the conditions under which the use of reason is legitimate' (EW III, 308); that is, the conditions that limit the proper employment of reason. Kant, for example, argued in his First Critique that theoretical reason could not be legitimately applied to 'limit-questions' such as the origin of the universe or the immortality of the soul.

But what Foucault finds distinctive and important about Kant's discussion of Enlightenment is not the details of his critique of reason but the fact that he is reflecting on 'the contemporary status of his own enterprise' (EW III, 309). Nor is the question how contemporary philosophy fits into the general scheme of history (for example, as herald of a bright new future or a falling away from a golden age). The question is simply what makes our present way of doing philosophy different from what was done previously. This, Foucault maintains, is a new and important development: to focus philosophy not on perennial questions but on the question of what is distinctive about our current situation.

So, then, what is distinctive about our current situation? To answer this question, Foucault redirects his discussion from Kant on Enlightenment to Baudelaire on modernity. In one sense, this is simply a move to a new terminology – Enlightenment being the distinctive feature of the modern age – and to a new example,

Baudelaire's aesthetic rather than Kant's moral and political perspective. But in fact the shift reflects what Foucault sees as some crucial differences between our situation and Kant's. Our (Baudelairean) modernity is a historical development from Kant's Enlightenment, but one that has substantively transformed it. Accordingly, just as Kant (in 'Was ist Aufklärung?') asks how his situation is different from that of his predecessors, so Foucault asks how his situation is different from Kant's.

To begin with, we cannot follow Kant in thinking that the critique of reason discovers essential and universal (transcendental) truths that mark the limits of human experience and thought. On Foucault's reading, Baudelaire's modernity is an attitude that finds something 'eternally' valuable in the present moment, while, at the same time, striving to transform it 'not by destroying it but by grasping it in what it is'. 'Baudelairean modernity is an exercise in which extreme attention to what is real is confronted with the practice of a liberty that simultaneously respects this reality and violates it' (EW III, 311). Here we should think of the tender exactness of, say, Courbet's rendering of a mundane moment, which simultaneously preserves and transforms it. Moreover, this modern project of transformation applies above all to the self:

> to be modern is not to accept oneself as one is in the flux of the passing moments; it is to take oneself as object of a complex and difficult elaboration . . . Modern man, for Baudelaire, is not the man who goes off to discover himself, his secrets and his hidden truth; he is the man who tries to invent himself.
>
> (EW III, 311)

Foucault clearly does not accept all the details of Baudelaire's picture of modernity; for example his understanding of self-transformation in terms of the dandy's anti-natural elegance, or his claim that the modern project cannot be carried out politically or socially but only aesthetically. But Foucault does accept a general 'ethos' of modernity, which, he says, consists not in any set of doctrines but in a critical attitude or orientation towards our historical era. Further, this orientation is, like Baudelaire's, towards a transformation of the present self.

Now we can return to Foucault's relation to Kant's philosophical project. He accepts the general Enlightenment goal of critique but reverses its polarity:

> Criticism indeed consists of analyzing and reflecting upon limits. But if the Kantian question was that of knowing [*savoir*] what limits knowledge [*connaissance*] must renounce exceeding, it seems to me that the critical question today must be turned back into a positive one: In what is given to us as universal, necessary, obligatory, what place is occupied by whatever is singular, contingent, and the product of arbitrary constraints?
>
> (EW III, 315)

This key passage formulates Foucault's final conception of his enterprise as one of philosophical critique. In Kant's terminology, it is *critical* (examining assumptions regarding the scope and limits of our knowledge), but it is not, like Kant's own project, *transcendental*. It does not, that is, claim to discover necessary conditions for knowing that determine categories in terms of which we must experience and think about the world and ourselves. Rather, Foucault's critique examines claims of necessity with a view to undermining them by showing that they are merely historical contingencies. Referring to his earlier methodological discussions, he says that his project is 'not transcendental' but 'genealogical in its design and archaeological in its method'. Its method is 'archaeological – and not transcendental – in the sense that it will not seek to identify the universal structures of all knowledge [*connaissance*] or of all possible moral action, but will seek to treat the instances of discourse that articulate what we think, say, and do as so many historical events' (EW III, 315). Similarly, Foucault's project is genealogical because it is not designed to discover 'what is impossible for us to do or to know', but to uncover 'the possibility of no longer being, doing, or thinking what we are, do, or think' (EW III, 315–16).

So in the Kantian terms that define the modern idea of philosophy, Foucault is a philosopher to the extent that he shares the general critical orientation of the philosophical project. But he does not share the interest of Kant – and of most other modern philosophers – in finding a distinctive realm of philosophical truth that delimits necessary conditions on thought, experience, and action. He is not, for example, interested in phenomenological intuitions of essences, or in the necessary and sufficient conditions sought by linguistic analysis. His interest is rather in the uncovering of possibilities that intuition and analysis might well claim do not exist. There is no reason that Foucault need deny that the phenomenological or linguistic analysis might reveal genuinely necessary, universal truths. But his philosophical project is directed not towards such truths but towards contingencies masked as necessities. In addition, the methods he uses – archaeology and genealogy – are, as we have seen, methods of historical investigation, not of *a priori* philosophical analysis. In Kantian terms, he is a philosopher only in his generic commitment to critique, not in his specific understanding of, nor in his methods of carrying out, his critical project.

We might, therefore, be inclined to conclude that Foucault is not a philosopher in any substantive sense – except for the fact that philosophy after Kant has itself involved a continuing critique of its own project. In most cases – from German idealism through analytic philosophy – the enterprise has remained broadly Kantian. Foucault, like Nietzsche, pushes this critique to an extreme, since he rejects the ideal of philosophy as a body of autonomous truths. But if this critical direction continues and eventually triumphs, then Foucault may well be hailed as a founder of a new mode of philosophy. It would surely not displease Foucault to think that the answer to the question 'is X a philosopher?' will depend on the future history of philosophy.

Regardless of how we decide to classify him, there is no doubt that Foucault emerged from a philosophical context and that his writings often impinge on philosophical issues. He formulated succinctly the philosophical context: 'I belong to that generation who as students had before their eyes, and were limited by, a horizon consisting of Marxism, phenomenology, and existentialism' (RR, interview, 174). We have already seen Foucault's early disillusion with Marxism. The ties to phenomenology and existentialism were more enduring, but quite complex. Foucault had studied with Merleau-Ponty, who, along with Sartre, was the leading figure in the appropriation of Husserl's phenomenology by the French existentialists, and with Jean Hyppolite, the author of a major existentialist interpretation of Hegel. Heidegger's *Being and Time* was also very important for the young Foucault, who, as we saw in Chapter 3, was also especially interested in the Heideggerian existential psychiatry (*Daseinanalysis*) of Ludwig Binswanger.

Whatever the exact nature of Foucault's early commitment to existential phenomenology, there is no doubt that he rather soon decided that the subjective standpoint of phenomenological description was not adequate. But his path away from existential phenomenology is not entirely clear. In general, phenomenology declined in the 1960s in the wake of the spectacular rise of what was called 'structuralism', a set of diversely developed theoretical standpoints, all of which explained human phenomena in terms of underlying unconscious structures rather than the lived experience described by phenomenology. There were, for example, Saussure's linguistics, Lacan's psychoanalysis, the literary criticism of Roland Barthes, the anthropology of Claude Lévi-Strauss, and Georges Dumézil's comparative studies of the structures of ancient religions. Foucault always denied that he was a structuralist and ridiculed his assimilation to the movement by the middle-brow intellectual media. (He had described his approach as 'structural' at various points in *The Birth of the Clinic* but pointedly eliminated the word in later printings.) Since structuralism was an avowedly non-historical (synchronic rather than diachronic) approach, there was point to Foucault's protest. But there are obvious affinities between structuralist theories and Foucault's archaeology (he particularly emphasizes the significance for him of Dumézil's work); and he cites the inadequacy of phenomenology's accounts of language and the unconscious, in comparison to structuralist accounts, as a good reason for its decline.

But there were also more distinctive features of Foucault's thinking that turned him away from phenomenology. For example, he emphasized the importance of avant-garde literature's decentring of the author and the psychological subject, and said that his reading of Nietzsche (around 1953, inspired by Bataille and Blanchot, well before Nietzsche became fashionable in France) played an important role in his break with subject-centred philosophy (interview, 'Structuralism and Poststructuralism', EW II, 439). However, the most important factor was Foucault's association with French history and philosophy of science, particularly as practised by Georges Canguilhem, who was the official director of Foucault's thesis on the history of madness.

On Foucault's own account, Canguilhem (along with his predecessor at the Sorbonne, Gaston Bachelard) represented a clear alternative to phenomenology, one that emphasized the logic of concepts rather than lived experience as the driving force in human thought. Canguilhem's students – among whom Foucault explicitly placed himself – rejected phenomenology's 'philosophy of experience' in favour of Canguilhem's 'philosophy of the concept'. Canguilhem's histories of concepts were important models for Foucault's archaeologies of the 1960s. Years later, in an essay on Canguilhem ('Life: Experience and Science', EW II, 465–78), Foucault sketched a biological conception of experience designed to replace the subject-centred phenomenological *vécu* (lived experience).

But, at least for Foucault, the tradition of Bachelard and Canguilhem provided more a methodological alternative to

9. Gaston Bachelard

phenomenology than a philosophical critique of it. For such a critique we must turn to Foucault's study of modern thought in *The Order of Things*. The ultimate purpose of this book was to understand the archaeological framework (episteme) underlying the modern social sciences, but, since Foucault thinks this framework is dominated by the philosophical concept of 'man', particularly associated with Kant, his discussion includes a critical history of modern philosophy.

From Descartes on, modern philosophy has been preoccupied with the question of whether our representations (experiences, ideas) accurately represent the world outside our minds. Descartes, for example, asked how we know that our ideas correspond to things that actually exist outside of us in space and time. Hume asked how we know that our experiences of regular associations of ideas (for example, the sun rising each new day) correspond to necessary connections in reality. Until Kant, no one had a plausible answer to these questions (though there were some persuasive suggestions, from Hume for example, that they needed no answer).

With Kant there occurred a decisive turn because he also reflected on the very possibility of representation, asking not just whether our representations are true to the world but how it is possible that we can represent anything at all (accurately or not). This was decisive because, he maintained, answering the new question provided a way of answering the old one. In particular, Kant argued that the very possibility of representing an object at all required, for example, that the object be represented as existing in space and time and as part of a network of causal laws. According to this kind of argument (which Kant called a 'transcendental deduction'), the objects of our experience exist in space and time and are governed by necessary causal laws because otherwise they could not be objects of our experience. On the one hand, we are limited to knowing the world as we experience it (the phenomenal world), not the world as it is in itself (the noumenal world). On the other hand, this very limitation makes it possible for us to have objective knowledge of a world.

Kant's view of knowledge requires a special dual status for human beings. On the one hand, we are the source of the necessary conditions for the possibility of any knowledge of the world: we belong to a 'transcendental ' domain that is the source of all knowledge in the 'empirical' domain. But at the same time we are ourselves knowable (not only by experience but also by the social sciences) and so are objects in the empirical domain. Foucault uses the term 'man' to refer to human beings as having this peculiar dual status (as what he calls an 'empirical-transcendental doublet'). He argues that, in this sense, there was no conception of man prior to the end of the 18th century. Hence his melodramatic declaration that, until the 19th century, '*man* did not exist' (OT, 308).

In Foucault's history of modern philosophy, man is the central problem, the difficulty being to understand how a single unified being can be simultaneously the transcendental source of the possibility of knowledge and just another object of knowledge. Chapter 9 of *The Order of Things* works through the major developments of 20th-century philosophy – particularly the phenomenologies of Husserl, Sartre, and Merleau-Ponty – arguing that none of them are able to develop a coherent conception of man. In every case, there is an illegitimate reduction: either of the empirical to the transcendental (Husserl) or of the transcendental to the empirical (Merleau-Ponty).

This chapter is the closest the mature Foucault ever comes to standard philosophical discourse in the Kantian mode. It can be plausibly read – as I just have – as an effort to show that all modern explications of man (as an empirical-transcendental doublet) have fallen into incoherence. But such a reading – even though it seems to accord with Foucault's own intentions – falls foul of his archaeological project of *The Order of Things*. For it puts his discussion on the level of history of ideas, the story of a series of individual thinkers trying to resolve a problem, not an archaeological investigation of the unconscious structures subtending such history. Further, as history of ideas, it can only tell us that these particular thinkers have failed to solve their problem, not that there are reasons in principle (presumably at the archaeological level) for the failure. If, however, we reconstrue Foucault's treatment as a genuinely archaeological account, then the apparent incoherence of the concept of man shows nothing more than that our thought is no longer guided by the modern episteme, with the result that we are, like readers of Borges' Chinese encyclopedia, faced with 'the stark impossibility of thinking *that*'. In neither instance has Foucault made an effective case for or against a standard philosophical position. Nor is that, on his own account, surprising, since making such a case would require Foucault to operate within the modern episteme itself (the framework of philosophy in the Kantian sense), thereby giving up the historical distance required by his archaeological methodology. I conclude, then, that even in his most apparently philosophical moments, Foucault is not a participant in the debates of modern post-Kantian philosophy.

There remains, however, a further possibility, one that has attracted some readers of *The Order of Things*. This is that Foucault, following Heidegger, is trying to open a path to a new mode of philosophical thinking that will take us beyond the modern episteme. There are certainly Heideggerian elements in *The Order of Things*. Most prominent is the very critique of representation and of the philosophy of experience, which distinctly evokes a main theme of *Being and Time*; and, if Foucault suggests that Heidegger himself does not escape from the representationalist picture, that is a standard move in Heideggerian critiques of the master. There are also ruminations about the relation of language to being that surely have Heidegger's later writings in mind: 'What relation is there between language and being, and is it really to being that language is always addressed?' (OT, 306). And the opening and closing attacks on the idea of 'man', with their intimation that we are moving to a new age in which 'humanism' will vanish, seem calculated to put Foucault on Heidegger's side in his famous attack on Sartre in the 'Letter on Humanism'.

But these Heideggerian features are just what separate *The Order of Things* from the rest of Foucault's books. Nowhere else are philosophical themes so prominent, nowhere else is there so little connection of the discussion with the ethical and political issues characteristic of a 'history of the present'. Although written as an archaeology of the social sciences, it is extremely difficult to connect its analysis with the system of domination in which these disciplines are, as Foucault's later work shows, so closely implicated. The idea of 'man' may be an arbitrary constraint on our thought, but we have no sense that going beyond it will be anything more than an exercise in intellectual freedom. It is also worth remembering that large portions of *The Order of Things* are quite non-Heideggerian, particularly in their meticulous concern with the details of scientific modes of thought. But to the extent that the book is Heideggerian, it demonstrates that his other books are not.

Chapter 7
Madness

> *I had been mad enough to study reason; I was reasonable enough to study madness.*

For us, 'mad' and 'mentally ill' are synonyms. We know that the sorts of people who cannot stop shouting obscenities at strangers or who think they receive radio messages from Pluto via their dental fillings have not always been regarded as suffering from an illness. They were said to be possessed by a god, in league with the devil, or simply subhuman animals. But we think that alternative views of madness are signs of ignorance if not malice; they lost all intellectual respectability after our modern discovery that madness is mental illness.

Standard histories of psychiatry have canonized this view. During the French Revolution, Philippe Pinel protested against chaining the mad like animals and went to the house of confinement at Bicêtre to release them. There he was confronted by Courthon, a fanatical member of the Republican government, who objected. Foucault quotes the story with predictable irony:

> Turning to Pinel [Courthon said]: 'Now, citizen, are you mad yourself to seek to unchain such beasts? Pinel replied calmly: 'Citizen, I am convinced that these madmen are so intractable only because they have been deprived of air and liberty.' 'Well, do as you

10. *Pinel Freeing the Insane* (1876), oil painting by Tony Robert-Fleury

like with them, but I fear you may become the victim of your own presumption.' Whereupon, Couthon was taken to his carriage ... Everyone breathed again; the great philanthropist immediately set to work.

(cited in MC, 242)

Such stories – there are similar ones about Samuel Tuke, who founded a Quaker asylum (the 'Retreat') in England about the same time – portray their heroes as brave and compassionate men who rejected superstitions in favour of scientifically based treatment of what enlightened thought showed to be an illness. But, Foucault maintains, 'the truth was quite different' (MC, 243).

Tuke's work, for example, had religious and moral, not scientific, motivations. The Retreat freed the mad from chains and physical abuse and placed them in a halcyon setting. But in this setting they were strictly monitored for any deviations from conventional behaviour. The therapy consisted in making the madman 'feel morally responsible for everything in him that may disturb morality and society, and must hold no one but himself responsible' (MC, 246). The upshot was that 'Tuke created an asylum where he substituted for the free terror of madness the stifling anguish of responsibility' (MC, 247).

An exemplary moment in Tuke's treatment was his famous 'tea-parties', 'social occasions in the English manner', Foucault tells us. Here the mad are guests of the directors and staff of the Retreat and (here Foucault quotes Tuke's account) 'vie with each other in politeness and propriety'. Remarkably, 'the evening generally passes with the greatest harmony and enjoyment ... and the scene is at once curious and affectingly gratifying' (MC, 249). But Foucault has a very different reading of these occasions: 'The madman is obliged to objectify himself in the eyes of reason as the perfect stranger, that is, the man whose strangeness does not reveal itself. The city of reason welcomes him only with this qualification and at the price of this surrender to anonymity' (MC, 249–50).

Foucault resists the picture of Tuke and Pinel as humanitarians because he rejects their view that 'humanity' entails the values of modern bourgeois society: 'Now the asylum must represent the great continuity of social morality. The values of family and work, all the acknowledged virtues, now reign in the asylum' (MC, 257), which Foucault insists 'is not a free realm of observation, diagnosis, and therapeutics' but 'a juridical space where one is accused, judged and condemned'. The mad are freed from their chains but they are 'imprisoned in a moral world' (MC, 269). There is a 'gigantic moral imprisonment' that, Foucault sneers, 'we are in the habit of calling, doubtless by antiphrasis, the liberation of the insane' (MC, 278).

We may well see something preciously unrealistic in Foucault's sarcasm. After all, the mad are not rebels against a particular social or moral system; they are radically dysfunctional in any meaningful human context. If Tuke's tea parties help control a psychotic who would otherwise try to kill anyone he met, then why worry that they reinforce bourgeois morality?

Foucault, who had worked with the mad, presumably knew that often a psychotic is just a psychotic, and he would surely have welcomed a treatment that returned delusional murderers to conventional morality. His outrage is directed, rather, against a perception of madness that admits no meaningful alternatives to our standards of normality and puts all belief and behaviour that seriously deviate from these standards outside the pale. On Foucault's view, madness as a general phenomenon should be seen as a creditable challenge to normality, even though there are insane horrors to which normality would be a welcome relief.

But this response on Foucault's behalf assumes that madness might be something besides beyond the pale. Is this really possible? If we don't think so, Foucault says, this is because of the way madness has, historically, come to be perceived by our culture. His *History of Madness* is a sustained argument for this conclusion.

He begins with a cursory but crucial survey of madness in the Middle Ages and the Renaissance. Then, he maintains, madness was seen as an integrally human phenomenon. Madness was opposed to reason, but as an alternative mode of human existence, not a simple rejection of it. Consequently, madness (even if disdained or abhorred) was a meaningful challenge to reason. It could engage in ironic dialogue with reason (as in Erasmus' *In Praise of Folly*) or claim a domain of human experience and insight not available to reason (as in Bosch's paintings or Shakespeare's tragedies). The point, in any case, is that in the past madness had a significant role in our culture's understanding of human possibilities.

This fruitful understanding of madness ended around the middle of the 17th century, just at the beginning of what the French call the Classical Age. In contrast to medieval and Renaissance views, the Classical Age saw madness as merely the negation of the essential human attribute of reason. It was regarded as unreason (*déraison*), a plunge into an animality that had no human significance. There was, accordingly, a *conceptual exclusion* of the mad from the human world. So, for example, Descartes in his First Meditation entertains a range of possibilities as grounds for doubting his beliefs: the senses might be deceptive, he might be dreaming, there might even be an omnipotent evil demon bent on deceiving him at every turn. But, Foucault notes (HF, 56–8) there is one possibility at which Descartes balks. After suggesting that his beliefs might be unreliable because he is like those who think their heads are pumpkins or made of glass, he immediately rejects the possibility: 'But they are mad, and I would be mad myself if I thought for a moment that I was like them' (Meditation I). (Foucault and Jacques Derrida had a tense debate over the interpretation of this passage.)

Correlative to this conceptual exclusion, there was a physical exclusion of the mad effected by their confinement in institutions that isolated them from ordinary human life. This was most strikingly signaled in France by the 'Great Confinement' of 1656, when, within a period of just a few months, over 1% of the population of Paris was compelled to live in the dispersed sections of the Hôpital Général. (One of these sections was Salpêtrière, today a modern hospital, where – irony of ironies – Foucault himself died in 1984.) But Foucault maintains that similar confinements occurred throughout Europe.

The conceptual and physical exclusion of the mad also reflects a moral condemnation. The moral fault, however, is not the ordinary sort, whereby a member of the human community violates one of its basic norms. Rather, madness corresponds to a radical choice that rejects humanity and the human community in toto in favour of a life of sheer (nonhuman) animality. On the Classical view, the animality of the mad is expressed in their domination by passions, a domination that leads them to a delirium in which they mistake the unreal for the real. Passionate delirium thus results in a fundamental blindness that cuts the mad off from the light of reason.

The modern therapeutic view of madness is a sharp break with the Classical view, what Foucault later calls a change in episteme or discursive formation. The mad are returned to the human community, no longer animals beyond the human pale. But, within that community, the mad are now moral offenders (violators of specific social norms), who should feel guilt at their condition and need reform of their attitudes and behaviour. Correspondingly, the characteristic modern mode of treating the mad not only isolates them but subjects them to a moralizing therapy. Still, this move from the custodial confinement of the Classical Age to the modern therapeutic asylum continues to deny madness as a humanly significant challenge.

We may object that the quite explicit moral orientation of Pinel and Tuke excludes them as founders of modern psychiatry, which is avowedly ethically neutral in treating a disease that is not regarded as the patient's fault. Surely there is a distinction between these early moral therapies and the subsequent medicalization of the treatment of the mad? Foucault's response is that the most striking feature of the moral domination of the asylum was 'the apotheosis of the medical personage' (MC, 269). We, convinced that the mad are simply 'mentally ill', think it inevitable that doctors should control their care. But Foucault claims that, in the asylum, the rule is never so much by medical as by moral authority. Doctors have authority not because they have the knowledge to cure (this is haphazard at best) but because they represent the moral demands of society. This is evident today in psychiatric practice. This wears the trappings of medical science, but the key to therapy remains the personal moral authority of the therapist, who serves as an instrument of social values. Hence, for example, the essential role of transference in psychoanalytic treatment.

Foucault's account seems implausible only if we continue to insist that the identification of madness as mental illness is an objective scientific discovery. His history, however, suggests that the identification was, on the contrary, introduced as a means of legitimating the authority of physicians in the asylum once the idea of a distinctively moral therapy was abandoned. The fact that physicians came to be in charge of asylums initially had little to do with their medical expertise. The moral treatments recommended by Tuke and Pinel were not essentially medical and could be carried out by any person with moral authority. However, as the 19th century developed, medicine became dominated by the ideal of objective, value-free knowledge, which left no room for value-laden moral therapies. The idea of a distinctively mental sort of illness was introduced primarily to justify the continuing authority of doctors over the mad, not because of its scientific truth or curative success.

But even if contemporary psychiatry falls short of the claims of scientific objectivity it sometimes makes, we might still ask if it really allows no meaningful interaction with the mad. Isn't psychoanalysis an obvious counter-example, since it removes patients from the strictures of the asylum and actually listens to them? Foucault agrees that Freud eliminates most features of the asylum, retaining only the core relation of doctor to patient. But, as we've seen, this relation is at the heart of the modern domination of the mad. Moreover, according to Foucault, Freud 'amplified . . . the thaumaturgical powers' of the 'medical personage', giving it a 'quasi-divine status' (MC, 277). In the person of the analyst, Freud 'focused . . . all the powers . . . of the asylum' (MC, 277–8). The analyst does listen to the patient but, silent behind the couch, is transformed into 'an absolute Observation, a pure and circumspect Silence, a Judge who punishes and rewards in a judgment that does not even condescend to language'. As a result, psychoanalysis 'has not been able, will not be able, to hear the voices of unreason'. It is effective in some cases but, in the end, 'remains a stranger to the sovereign enterprise of unreason' (MC, 278).

But if madness has been silenced, how has Foucault become, as he so obviously is, fascinated by its voice? From the only way in which madness has manifested itself since the end of the 18th century: 'in the lightning-flash of works such as those of Hölderlin, of Nerval, of Nietzsche, or of Artaud' (MC, 278), the great mad artists of the last two centuries. We have already noted the connection between the theme of mad artists and Foucault's interest in avant-garde art. In both cases, his idea is that probing the limits of reason will reveal truths that are not rationally accessible.

This idea reflects a tension that pervades *The History of Madness* and erupts especially at the beginning and the end. In his preface (dropped in the second edition) and in his conclusion, Foucault suggests that his is a history 'of madness' in the sense of a subjective, not an objective genitive; that, in other words, he is somehow writing from the standpoint of the mad themselves, not just showing how the mad have been perceived by the sane. In fact, the six hundred pages between the preface and the conclusion deal almost exclusively with the latter perception. But we should not let this quantitative imbalance obscure the fact that 'madness in itself' is a central presence in this book.

Foucault insists on this presence because, at this stage, he is writing in opposition to the Enlightenment. Like Horkheimer and Adorno (in their *Dialectic of Enlightenment* some 20 years earlier), he has realized that the reason that was supposed to liberate us has itself become the primary instrument of our domination. The violent sarcasm of his rhetoric is a direct assault on the pretensions of reason, and his heroization of the mad aims to set up an alternative to the regime of reason. This alternative is the irrationally transgressive experience lived by the mad and evoked in the works of mad artists.

The problem with this move is the inadequacy of the 'experience' to which it appeals. As Foucault himself put it in a brief self-critique at the beginning of *The Archaeology of Knowledge*: 'Generally speaking, [*The History of Madness*] accorded far too great a place, and a very enigmatic one too, to what I called an "experience", thus showing to what extent one was still close to admitting an anonymous and general subject of experience' (AK, 16, translation modified). As I see it – without pretending to say this is just what Foucault had in mind – the inadequacy is at least three-fold. First, there is the core truth of Kantianism: an experience, simply to be an experience, must have an object that it encounters as part of a world in which the object has a specific intelligibility. As a result, there is no coherent sense to an experience that is not informed by conceptual structures that define a space of reasons and hence norms of rationality. Second, the experience allegedly lived by the mad would be an ahistorical constant, passed on unchanged from period to period, unaffected by the forces that transform the human world. Foucault's strongly historical understanding has no place for such an autonomous experience. Finally, even if, contrary to the first two points, such an experience is possible, its radically amorphous, merely transgressive nature makes it entirely inadequate as a basis for the sort of specific political actions needed for effective opposition to systems of domination. Successful action requires a specific programme that cannot be grounded in the unstructured explosion of madness. A revolution requires controlled demolition-work, not random lightning flashes.

Foucault may have never entirely freed himself from his fascination with this arational experience. But he did eventually realize that it was not a meaningful alternative to Enlightenment reason. This shows up in his rejection of 'the blackmail of the Enlightenment' ('What Is Enlightenment?', EW III, 312), which he understands as the insistence that 'one has to be "for" or "against" the Enlightenment' (EW III, 313). Here he now sees that 'the Enlightenment' is 'a set of political, economic, social, institutional, and cultural events on which we still depend in large part' and that, as a result, 'constitutes a privileged domain for analysis' (EW III, 312). Viewed this way, the Enlightenment is like the air we breathe – an integral part of our existence that is too close to be an object of our choice, for or against. We can and must, instead, engage with it through 'a series of historical inquiries that are as precise as possible' (EW III, 313). Reason is part of what we are, although a part that requires constant analysis and adjustment. But there is no sense to the global challenge to reason that Foucault envisaged in his *History of Madness*.

The romance of a 'voice' of the mad can still have a role in our grappling with reason, but only as a generic reminder that we should never be entirely satisfied with our current deployment of reason. Just as the concept of truth serves as a caution that even claims we have 'justified to the hilt' might turn out to be false, so the idea of madness serves as a caution that what we currently regard as rational may someday turn out to be irrational. But for the later Foucault this entirely general caution has no specific significance in our wrestling with the reason that the Enlightenment has made part of our historical fate.

In the essay on Canguilhem mentioned in the last chapter, Foucault developed a new concept that provides the specificity that the experience of the mad lacks. This is the notion of 'error', understood as a particular deviation from the norms of our epistemic environment. Although errors have typically been regarded as simply negative – as failures to reach the truth – Foucault notes that this is so only relative to a particular conceptualization of reality. From a broader perspective, what is an error in one framework of knowledge may turn out to be the seminal truth in developing a new framework of knowledge. For example, Copernicus's thought that the Earth moves around the Sun is an error in the purely negative sense in the world of Aristotelian and Ptolemaic astronomy. But it becomes the basis for the new astronomy of the 17th century. In this way, knowledge must itself be understood as a form of error.

This idea of knowledge-as-error is a specific and effective counterpart to Foucault's earlier embrace of the transgressive experiences of the mad (and, more generally, of avant-garde art). Error is itself a kind of transgression, a violation of the boundaries set by our conceptual environment. It is a localized and mundane version of the cosmic lightning flashes of madness. But what error lacks in metaphysical drama is more than compensated by its historical effectiveness. Precisely because it represents a specific deviation from particular norms, rather than a unfocused revolt against the very idea of normativity, error effects a practical change of the world we live in, not an aesthetic escape from it. In the end, Foucault subordinates the ecstasy of madness to the ironic satisfaction of (creative) error.

Chapter 8
Crime and punishment

> *The power to punish is not essentially different from that of curing or educating.*

On 5 January 1757, Robert Damiens, 42 years old and a former soldier in the French army, rushed up to Louis XV with a knife and inflicted a light wound. He surrendered without a struggle and claimed that he had only intended to frighten, not kill, the king. Nonetheless, he was found guilty of regicide (indeed, parricide, since the king was the father of his people) and executed less than two months later. The execution was public, with a large crowd attending, and spectacularly brutal. Foucault opens *Discipline and Punish* with excruciating details, taken from eyewitness accounts, of how Damiens was drawn and quartered. Without stopping to comment on the horrifying text, he abruptly switches to another document, from 1837, just 80 years later, which states the rules for a detention centre for young offenders in Paris: 'The prisoner's day will begin at six in the morning in winter and five in the summer. They will work for nine hours a day throughout the year. Two hours a day will be devoted to instruction. Work and the day will end at nine o'clock in winter and at eight in the summer' (cited in DP, 6). After citing this and 11 similar rules, Foucault finally ventures a comment: 'We have, then, a public execution and a time-table' (DP, 7).

Two exemplary modes of punishment: the first occurred late enough in the Enlightenment to attract considerable criticism, but it typified the punishment of criminals in Europe until about the middle of the 18th century; the second represented the new, 'gentler' way of punishment, the product, it would seem, of a more civilized, more humane approach to punishment. On Foucault's account, this second stage eventually led to the full-blown modern system of what he calls 'discipline'.

Is the new idea – roughly, to imprison rather than to torture – the enlightened, progressive development it thinks it is? Foucault has his doubts, suggesting that the point was 'not to punish less, but to punish better' (DP, 82).

He begins by outlining the contrasts between modern and premodern approaches. There are four major transitions:

(1) punishment is no longer a public display, a spectacular demonstration to all of the sovereign's irresistible *force majeure*, but rather a discrete, almost embarrassed application of constraints needed to preserve public order.
(2) What is punished is no longer the crime but the criminal, the concern of the law being not so much what criminals have done as what (environment, heredity, parental actions) has led them to do it.
(3) Those who determine the precise nature and duration of the punishment are no longer the judges who impose penalties in conformity with the law, but the 'experts' (psychiatrists, social workers, parole boards) who decide how to implement indeterminate judicial sentences.
(4) The avowed purpose of punishment is no longer retribution (either to deter others or for the sake of pure justice) but the reform and rehabilitation of the criminal.

Foucault does not deny that no longer ripping criminals apart is an advance. But the darker converse of the 'gentler' way is its penchant for total control. On one level, this is signalled by a switch from brutal, but unfocused, physical punishment to less painful but more intrusive psychological control. Premodern punishment violently assaults the criminal body, but is satisfied with retribution through pain; modern punishment demands an inner transformation, a conversion of the heart to a new way of life. But this modern control of the soul is itself a means to a more subtle and pervasive control of the body, since the point of changing psychological attitudes and tendencies is to control bodily behaviour. As Foucault puts it, for the modern age, 'the soul is the prison of the body' (DP, 30).

The most striking thesis of *Discipline and Punish* is that the disciplinary techniques introduced for criminals become the model for other modern sites of control (schools, hospitals, factories, etc.), so that prison discipline pervades all of modern society. We live, Foucault says, in a 'carceral archipelago' (DP, 298).

So, for example, the distinctive features of modern disciplinary control are apparent in the new approach to military training, the training designed to make ordinary people willing and able to kill the enemy. Premodern training centred on finding good material to begin with: men who had strength, good bearing, natural courage, etc. and then motivating them in a general way through pride and fear. But modern soldiers are produced through intense and specialized training, even if they are not initially especially fit. Boot camp 'makes' you a soldier. It's not a matter of the natural attractiveness of a model or an actor; the point is not to look like a soldier but to actually be a soldier – something that requires systematic training.

Disciplinary training is distinctive first because it operates not by direct control of the body as a whole but by detailed control of specific parts of the body. To teach soldiers to care for and shoot a rifle, we break the process down into an ordered succession of precise steps. It's not just a matter of showing them the entire operation and saying 'Do it like this.' The focus is not merely on the results to be achieved, of seeing that, one way or another, the soldier does what we desire. The point is rather to achieve the results through a specific set of procedures. We don't just want you to shoot the gun at the enemy; we want you to hold it just this way, raise it to your shoulder this way, sight down the barrel this way, pull the trigger this way. In short, it's a matter of micro-management. Foucault sums up the modern approach to discipline by saying that it aims at producing 'docile bodies': bodies that not only do what we want but do it precisely in the way that we want (DP, 138).

Docile bodies are produced through three distinctively modern means. *Hierarchical observation* is based on the obvious fact that we can control what people do merely by observing them. The watchtowers along city walls are a classic example. But modern power has raised the technique to a new level. Previously, architecture was an expression of the privileged status of those in power, either to display their magnificence ('the ostentation of palaces') or to give them a vantage point to overlook their subjects or enemies ('the geometry of fortresses') (DP, 172). But modern architecture builds structures that fulfill the functional needs of ordinary people and at the same time 'render visible those who are inside'. So, for example, the tiered rows of seats in a lecture hall, or well-lit classrooms with large windows and wide aisles, not only facilitate learning; they also make it extremely easy for teachers to see what everyone is doing . Similar techniques are at work in hospital rooms, military barracks, and factory work floors, all examples of 'an architecture that would operate to transform individuals: to act on those it shelters, to provide a hold on their conduct, . . . to make it possible to know them, to alter them' (DP, 172).

For Foucault, the ideal architectural form of modern disciplinary power is Jeremy Bentham's Panopticon, a proposal for maximizing control of prisoners with a minimal staff. Although prisons approximating the Panopticon were not built until the 20th century, its principle has come to pervade modern society. In the

11. Panoptic prison design, Illinois State Penitentiary, 1954

Panopticon each inmate is in a separate cell, separated from and invisible to all the others. Further, the cells are distributed in a circle around a central tower from which a monitor can look into any cell at any given time. The principle of control is not the fact but the possibility of observation. The monitor will actually look into a given cell only occasionally. But the inmates have no way of knowing when these occasions will arise and so must always assume that they are being observed. The result is that we 'induce in the inmate a state of consciousness and permanent visibility that assures the automatic functioning of power' (DP, 201).

A second distinctive feature of modern disciplinary control is its concern with *normalizing judgment*. Individuals are judged not by the intrinsic rightness or wrongness of their acts but by where their actions place them on a ranked scale that compares them to everyone else. Children must not simply learn to read but must be in the 50th percentile of their reading group. A restaurant must not merely provide good food but be one of the top ten establishments in the city. This idea of normalization is pervasive in our society. On the official level, we set national standards for educational programmes, for medical practice, for industrial processes and products; less formally, we have an obsession with lists that rank-order everything from tourists sites, to our body weights, to levels of sexual activity.

Normalizing judgment is a peculiarly pervasive means of control. There is no escaping it because, for virtually any level of achievement, the scale shows that there is an even higher level possible. Further, norms define certain modes of behaviour as 'abnormal', which puts them beyond the pale of what is socially (or even humanly) acceptable, even if they are far from the blatant transgressions that called for the excessive violence of premodern power. The threat of being judged abnormal constrains us moderns at every turn.

Finally, the *examination* combines hierarchical observation with

12. Foucault with actors during the filming of *Moi, Pierre Riviere*

normative judgment. It is, Foucault says, 'a normalizing gaze [that] establishes over individuals a visibility through which one differentiates them and judges them'. The examination is a prime locus of modern power/knowledge, since it combines into a unified whole 'the deployment of force and the establishment of truth' (DP, 184). It both elicits the truth about those (patients, students, job candidates) who undergo the examination and, through the norms it sets, controls their behaviour.

The examination also reveals the new position of the individual in the modern nexus of power/knowledge. It situates individuals in a 'network of writing' (DP, 189). The results of examinations are recorded in documents that provide detailed information about the individuals examined and allow power systems to control them (for example absentee records for schools, patients' charts in hospitals). On the basis of these records, those in control can formulate categories, averages, and norms that are in turn a basis for knowledge. The examination turns the individual into a 'case' – in both senses of the term: a scientific example and an object of care (and, of course, for Foucault, caring implies controlling). This process also reverses the polarity of visibility. In the premodern period, the exercise of power was itself typically highly visible (military presence in towns, public executions), while those who were the objects of knowledge remained obscure. But in the modern age the exercise of power is typically invisible, but it controls its objects by making them highly visible. And the highest visibility now belongs to those (criminals, the mad), whose thick dossiers are maintained and scrutinized by armies of anonymous and invisible functionaries.

On one level, *Discipline and Punish* does for prisoners what *The History of Madness* did for the mad. It analyses our allegedly humanitarian treatment of a marginalized group and shows how that treatment involves its own form of domination. In contrast to the book on madness, the analysis focuses more on the causal origins of institutional structures and less on systems of thought; it is, that is to say, more genealogical than archaeological. But this is a difference in emphasis only, since, as we have seen, the genealogy of *Discipline and Punish* is based on an archaeology of thought about the prison, and *The History of Madness* has a central concern with the institutional consequences of our perceptions of madness.

What most sets *Discipline and Punish* apart from its predecessor is the idea that the prison-model has metastasized throughout modern society. As a result, the book is not, like *The History of Madness*, centred on a specific Other against which 'we' (normal society) define ourselves. Society itself appears as a multitude of dominated others: not only criminals but also students, patients, factory workers, soldiers, shoppers. . . . Each of us is – and in a variety of ways – the subject of modern power. Correspondingly, there is no single centre of power, no privileged 'us' against which a marginalized 'them' is defined. Power is dispersed throughout society, in a multitude of micro-centres. This dispersion corresponds to the fact that there is no teleology (no dominating class or world-historical process) behind the development. Modern power is the chance outcome, in the manner of genealogy, of numerous small, uncoordinated causes.

Foucault's picture of modern power challenges the premises of most revolutionary movements, in particular, Marxism. These movements identify specific groups and institutions (for example, the bourgeoisie, the central bank, the military high command, the government press) as sources of domination, the destruction or appropriation of which will lead to liberation. In the premodern world, when power was effectively centralized in the royal court and a few related institutions, such a revolution could be successful. The Marxists are like military strategists who plan to fight the previous war; taking the French Revolution as their model, they are trying to cut off the head of the king in a world where there is no king. Even after the government offices, the military bases, and the official newspapers are taken over, there remain countless other centres of power that resist the revolution. Foucault himself cited the Soviet

Union as an 'example of a State apparatus which has changed hands, yet leaves social hierarchies, family life, sexuality and the body more or less as they were in capitalist society' (P/K, 'Questions on Geography', 73). The fundamental transformation the revolutionaries seek requires central control down to finest details of a nation's life. Here, perhaps, we have a Foucaultian explanation of the totalitarian thrust of modern revolutions.

This analysis suggests the reactionary conclusion that meaningful revolution, hence genuine liberation, is impossible: the only alternative to the modern net of micro-centres of power is totalitarian domination. Foucault would, I think, agree that these are the only global alternatives. But his conclusion would not be reactionary despair but a denial of the assumption that revolutionary liberation requires global transformation. For Foucault, politics – even revolutionary politics – is always local.

But locality itself is frequently a refuge of reaction. Particularly given Foucault's democratization of oppression – depending on the local context, we are all victims – how can he avoid dissipating effective revolution in an endless series of trivial protests? The bankers, the lawyers, the full professors will all have complaints of exploitation (as, for example, employees or consumers) that would seem to be as legitimate as any others. Here, however, Foucault can appeal to his notion of the *marginal*, his replacement, from the 1970s on, for the romantic idea of the mad as the radically Other. Marginalized individuals and groups are, unlike the mad, genuinely part of modern society; they speak its language (even if with an accent), share many of its values, play essential social and economic roles. At the same time, they are, in contrast to most of us, perpetually on the borders of society. This is for either or both of two reasons: their lives my be significantly defined by values that are counter to those of the social mainstream (think of homosexuals, members of non-standard religions, immigrants from non-Western cultures) or they may belong to a group whose welfare is systematically subordinated to that of mainstream groups (think of migrant workers, children in ghetto schools, street-walking prostitutes, inmates of penitentiaries).

In contrast to the mad, the marginalized have values that can meaningfully challenge our own and needs that could be plausibly satisfied within our society. Their concerns can, therefore, be the focus of programmes for effective political action. Further, such programmes can be genuinely revolutionary without Utopian global ambitions. For us to authentically say 'we' with the mad would require demolishing our core values and institutions, but the claims of the marginal are based on critiques of specific features of our society that can be modified without total overthrow.

It might seem that a politics of the marginal is itself just another instrument of marginalization, since it consists of 'our' claiming the right to speak for 'them'. Foucault was well aware of this danger and insisted on political actions designed simply to provide opportunities for marginalized groups to speak and be heard. So, for example, the Groupe d'Information sur les Prisons (GIP), which he, along with his companion, Daniel Defert, founded in the early 1970s, used Foucault's status as an intellectual celebrity to attract media attention to prisoners who spoke directly on their own behalf.

Marginality is the political counterpart of what we encountered earlier, in an epistemological context, as error. Politically, of course, error must be understood not only as the falsity of a proposition but also, non-linguistically, as inappropriate behaviour or misguided values. Foucaultian politics, as I am understanding it, is the effort to allow the 'errors' that marginalize a group to interact creatively with the 'truths' of the mainstream society. To the extent that if the effort succeeds, the marginal group will no longer be a specific object of domination, and society as a whole will be transformed and enriched by what it had previously rejected as errors.

It may seem that what I am calling 'creative interaction' is just a cover for assimilating marginal groups into the social mainstream, and so destroying their most distinctive values. But interaction need not involve a leveling assimilation, particularly if it is achieved by giving the marginal group a serious voice in the terms of the interaction. On the other hand, there is the converse question of whether, or to what extent, a given marginal group is worth interacting with. We may, quite legitimately, decide that the needs and values of certain marginal groups (for example, neo-Nazis or apocalyptic religious cults) are simply incompatible with our basic values and that we can, at most, tolerate them.

A final difficulty: why should our political practice be so focused on marginal groups? Why not, for example, a neo-conservative politics of deepening our commitment to mainstream values or extending them to other societies? This is a crucial question for those who, like Foucault, share the liberal assumption that self-critique and appreciation of the Other should be at the heart of our political agenda. Unfortunately, unlike liberals such as John Rawls, Foucault has little to offer in response. His own political stance seems to derive simply from his own individual commitment to constant self-transformation. His focus on marginal groups follows from his horror of being stuck in an identity. Here, for Foucault, the political is at root personal. To those who not share his horror, he can only reply – in words he once deployed in a similar context – 'We are not from the same planet' (UP, 7).

Chapter 9
Modern sex

The irony ... is in having us believe that our 'liberation' is in the balance.

Because he was homosexual, writing a history of modern sexuality must have been a particularly personal enterprise for Foucault. His biographers suggest that as an adolescent he suffered from having sexual interests that French society of the 1940s and 1950s regarded mostly with shame or outrage. Even the generally tolerant milieu of the École normale was not entirely hospitable to homosexuality. Foucault makes it clear that one of his reasons for accepting a job in Sweden was the hope, not entirely fulfilled, of finding a more open sexual climate. Even though the details of Foucault's sex life remain sketchy – and why shouldn't they? – there is every reason to think that the experience of gay marginality was an important part of his life. On the other hand, he was as unwilling to accept the identity of 'homosexual' as he was any other. He seldom wrote or spoke on record as a 'gay man', and, when he did – for example, in a few interviews with gay publications – his attitude toward the activist gay community is more that of a sympathetic observer than a committed participant. He is most attracted by what he sees as recent gay explorations of new forms of human community and identity.

In any case, homosexuality was just one of many topics to be covered by Foucault's history of sexuality, which in addition to a volume called 'Perverts' would also have volumes on children, women, and married couples. Moreover, his general introduction to the project, the only volume of the series actually published, shows that, as in *Discipline and Punish*, his treatment would expand beyond marginalized groups to everyone in modern society. In fact, it seems clear that, from the beginning, Foucault's work on sexuality was developing a dimension beyond that of power relations. It was becoming a history of the formation of subjects in not only a political but also a psychological and ethical sense.

The starting-point is, however, still Foucault's conception of modern power, which is most explicitly set out in volume one of the *History of Sexuality*. As a result, Foucault's initial treatment of sexuality is a fairly straightforward extension of the genealogical method of *Discipline and Punish*. The method is applied to the various modern bodies of knowledge about sexuality ('sciences of sexuality') in order to show their intimate association with the power structures of modern society. The focus of this aspect of Foucault's discussion is what he calls the 'repressive hypothesis'. This is the common assumption that the primary attitude of modern society toward sex (beginning in the 18th century, reaching a peak in the Victorian Age, and still exerting strong influence today) was negative; that, except for the closely delimited sphere of monogamous marriage, sexuality was opposed, silenced, and, as far as possible, eliminated.

Foucault does not deny the fact of repression. The Victorian age covered bosoms, censored literature, and waged vigorous campaigns against masturbation. But he denies that modern power is primarily exercised through repression and that opposition to repression is an effective way of resisting modern power. Rather, he thinks that modern power created new forms of sexuality by inventing discourses about it. For example, although same-sex relations have occurred throughout human history, the homosexual as a distinct category, with defining psychological, physiological, and perhaps even genetic characteristics, was created by the power/knowledge system of the modern sciences of sexuality.

According to Foucault, sexual repression is a superficial phenomenon; far more significant is the 'veritable discursive explosion' (HS, 17) of talk about sex that began in the 17th century, with the Counter-Reformation's legislation on the practice of confession. Penitents were required to 'examine their consciences' with a thoroughness and nuance previously unheard of. It was not enough to say 'I slept with a woman other than my wife'; you had to say how many times, just what sorts of acts were involved, whether the woman was herself married. Nor was it enough to report overt actions. Equally important were thoughts and desires, even if not carried out. But even here it was not enough to say, 'I thought about sleeping with a woman other than my wife'. You also had to determine if you had dwelt on the thought, found enjoyment in it rather than rejecting it immediately; and, if you had entertained it, whether this was done with a certain inadvertence or with 'full consent of the will'. All these factors were needed for the confessor to determine the degree of guilt (for example, mortal versus venial sin), impose an appropriate penance, and give advice for moral improvement. The result for penitents was an ever deeper and more precise self-knowledge, the outcome of a 'hermeneutics of the self' that revealed as fully as possible their inner sexual natures. Foucault's suggestion, however, is that this nature is not so much discovered as constituted by the required self-examination. What I am sexually depends on the categories I am required to use in making my confession.

A large part of the history of modern sexuality is the secular adaptation and expansion of these religious techniques of self-knowledge. Confession may no longer be made to a priest but it is surely made to one's doctor, psychiatrist, best friend, or, at least, to oneself. And the categories that define the possibilities of one's sexual nature are not self-chosen but accepted on the authority of 'experts' in the new modern sciences of sexuality: the Freuds, the Kraft-Ebbings, the Havelock Ellises, the Margaret Meads. Such experts present as discoveries about human nature what are actually just new social norms for behaviour.

Of course, there is a distinction between sexuality as a social construct and sex as a biological reality. Foucault does not deny that there are, for example, undeniable physiological facts about human reproduction. But he maintains that once we move from sheer biology to the inevitably hermeneutic and normative concepts of psychology, anthropology, etc., the distinction breaks down. The Oedipal complex, for example, is tied to assumptions about the meaning and value of the bourgeois family; it is not just another fact, like the physiology of conception. Even what seem to be simple biological facts, for example, the distinction of male and female, can turn out to have normative social significance, as is demonstrated by the case of Herculine Barbin, a 19th-century hermaphrodite, who was raised as a female but, in her twenties, came under the scrutiny of doctors who decided that she was in fact a man and forced her to live as one. Foucault published the poignant memoirs Barbin wrote before committing suicide at the age of thirty.

Given his critique of the repressive hypothesis, Foucault is able to develop a history of sexuality that often parallels his history of the prison. Just as the modern sciences of criminology define categories of social dysfunction (juvenile delinquent, kleptomaniac, drug addict, serial killer, etc.) that are simultaneously sources of knowledge and of control regarding their 'subjects', so the modern sciences of sexuality define categories of sexual dysfunction (homosexual, nymphomaniac, fetishist, etc.) that have a parallel role as power/knowledge. Foucault cites the case of Jouy, a slightly retarded 19th-century French peasant, who would occasionally entice young girls of his village into what Foucault describes as 'harmless embraces'. No doubt such things had gone on in French villages for centuries, but someone reported Jouy to the authorities who brought down upon him the full brunt of the new science of sexuality. After detailed legal and medical examinations, he was found guilty of no crimes but was nonetheless confined to a hospital for the rest of his life as a 'pure object of medicine and knowledge' (HS, 32). Many of us today will be shocked at Foucault's insouciance over what we might well judge sexual molestation, but Foucault would no doubt see our reaction as itself a sign of the effects of the modern power/knowledge system.

Three of Foucault's six planned volumes were to treat specific marginalized groups: children, as the object of the campaign to suppress masturbation (*The Children's Crusade*); women as subjects of the sexually based disorder of hysteria (*The Hysterical Woman*); and homosexuals and other groups judged sexually 'abnormal' (*Perverts*). All of these, like the criminals of *Discipline and Punish*, were constituted and controlled by hierarchical observation and normalizing judgements. Further, as in the case of criminality, there was no real possibility of eliminating or even substantially reducing the targeted behaviours, so the de facto function of the power apparatus was simply to control segments of the population. A fourth projected volume was *The Malthusian Couple*, where Foucault's topic would have been various power structures designed to limit the population and improve its quality. This, again as in *Discipline and Punish*, is readily seen as an extension of disciplinary power to non-marginal groups.

In the concluding chapter of the introduction to *The History of Sexuality*, Foucault seems to be moving beyond sexuality as such and develops a notion of biopower, which embraces all the forms of modern power directed toward us as living beings, that is, as subject to standards of not just sexual but biological normality. Biopower is concerned with the 'task of administering life', a process that operates on two levels. On the level of individuals, there is an 'anatomo-politics of the human body'; on the level of social groups, there is a 'bio-politics of populations' (HS, 139. The first level implicitly complements the primarily epistemological treatment of medicine in *The Birth of the Clinic*, making explicit the political significance (in a broad sense that includes the social and the economic) of the medical norms defining a healthy individual. So, for example, the modern medical notion of obesity corresponds to the marginalized social class of 'fat people', and modern techniques of drug treatments of illness are inextricably tied to the economics of the pharmaceutical industry. The second level concerns the modern focus on a nation's entire population as a resource that must be protected, supervised, and improved. Thus, capitalism requires universal medical care and education to ensure an adequate workforce; racist ideologies call for eugenic measures to protect the purity of the population 'stock'; and military planners develop the concept of 'total war', as a battle between not just armies but entire populations.

We see, then, that Foucault's project of a history of modern sexuality was, even as he began it, expanding to a history of modern biopower. And from the late 1970s on, he took up the themes of such a history. So, for example, he returned to issues in the history of medicine and psychiatry, now from the broader perspective of his new view of power. Also, he began studying what he called 'governmentality': the art, developed from medieval pastoral models, of rulers' care for the populations under their control.

But even more significant was another direction of expansion, toward what Foucault came to call a 'history of the subject'. This had already begun to emerge in *Discipline and Punish*, where Foucault occasionally noted how the objects of disciplinary control could themselves internalize the norms whereby they were controlled and so become monitors of their own behaviour. In the context of sexuality, this phenomenon becomes central, since individuals are supposed to discern their own fundamental nature as sexual beings and, on the basis of this self-knowledge, transform their lives. As a result, we are controlled not only as *objects* of disciplines that have expert knowledge of us; we are also controlled as self-scrutinizing and self-forming *subjects* of our own knowledge.

13. Foucault in his apartment in Paris, 1978

This new perspective leads Foucault to question the modern ideal of sexual liberation. I discover my deep sexual nature through self-scrutiny and come to express this nature by overcoming various hang-ups and neuroses. But am I really freeing myself, or am I just reshaping my life in accord with a new set of norms? Isn't promiscuity as demanding an ideal as monogamy, the imperative to be sexually adventurous as burdensome as a prudish limitation to the missionary position? The magazines, self-help books, and sex manuals that guide us to a life of liberated sexuality seem to induce in us as much insecurity and fear about our sexual attractiveness and ability to perform as sermons and tracts did in our grandparents about the dangers of sexual indulgence. More importantly, is my acceptance of the demands of liberation any more an expression of my 'true nature' than were our grandparents' acceptance of the demands of traditional morality? Foucault suggests that, in both cases, the acceptance may merely be an internalization of external norms. The irony of our endless preoccupation with our sexuality, Foucault says, is that we think that it has something to do with liberation (HS, 159).

Even more importantly, Foucault's new perspective led him to the view that his study of sexuality was really part of an effort to understand the process whereby individuals become subjects. He was, he concluded, writing not so much a history of sexuality as a history of the subject. This transition arose from the fact that he had found sexuality to be an integral part of our identity as selves or subjects. To say that I am homosexual or that I am obsessed with Albertine is to say something central about what I am in the concreteness of my subjectivity. Here Foucault seems to return to the standpoint of individual consciousness, which he earlier rejected in his choice of the philosophy of the concept over the philosophy of experience. I, however, would suggest that he never really left this standpoint, but instead rejected transcendental readings of subjectivity that ignored its fundamentally historical nature. In any case, he now felt the ability and the need to give an account of the historical process whereby we become subjects. The question is not how consciousness emerges from unconscious matter but how a conscious being assumes a particular identity, that is, comes to think of itself as directed by a given set of ethical norms, which give its existence a specific meaning and purpose.

In *The History of Sexuality*, Foucault began looking at the way the modern consciousness of an ethical self emerged through the secularization of Christianity's hermeneutics of the self (as in the confessional practices we discussed above). His original plan was to develop this theme at length in a separate volume on medieval Christian views of sexuality, which he called *Les Avoux de la chair*. (This was to be the second volume of the history of sexuality, followed by the four volumes, on children, women, perverts, and couples.) Foucault says he finished a draft of this volume but was not satisfied with what he had written and set it aside. Although the draft apparently does still exist, it has never been published (Foucault's family have insisted on following his terse injunction: 'No posthumous publications.'). Nor is the draft available in the Foucault Archives in Paris; very few people have even seen it and there are no detailed accounts of its content. (Some who have seen it say it isn't really a complete draft, as Foucault suggested.)

In any case, as Foucault reflected further on his project, he decided that he needed to begin not with the Middle Ages but with ancient Greek and Roman views on sexuality and the self. He had concluded that to properly understand the Christian hermeneutic view of the self, he had to trace its origins and differences from ancient ideas. He began brushing up his school-boy Greek and Latin and had many discussions with two of his friends and colleagues in the Collège de France: Paul Veyne, a Roman historian, and Pierre Hadot, an historian of ancient philosophy. This major redirection, combined with ill health (which turned out to be the AIDS from which Foucault eventually died) seriously delayed the project. It was only in 1984, just before his death, that Foucault was able to publish two volumes on the ancient world: *The Use of Pleasure*, which discussed Greek texts of the 4th century BC, and

The Care of the Self, which covered Greek and Roman texts from the 1st century BC to the 1st century AD.

Although these books were titled Volume II and Volume III of Foucault's *History of Sexuality*, there is no sense in which Volume I, which we have been discussing here, can be regarded as an introduction to them. Put roughly, the project Volume I is introducing is one in which modern sexuality would be studied as an example of bio-power: biological (in a broad sense) knowledge as a basis for socio-political control of individuals and groups. This is a project Foucault never carried out, although there are some elements of it dispersed in his writings before and after Volume I. Volumes II and III are part of a study of ancient sexuality as an example of the ethical formation of the self. It has no overlap with the earlier interest in bio-power, although there is a connection through the shared topic of the Christian hermeneutics of the self. It would have been less misleading if Foucault had not presented theses two books as continuations of his original history of sexuality. He may have envisaged some broader project that would have approached sexuality through both bio-power and the formation of the self. But at the end of his life he seems to have rather been moving away from the history of sexuality. His new direction, as we shall see, connects the formation of the subject not to sexuality but to what he came to call 'games of truth'.

Chapter 10
Ancient sex

Sex is boring.

Those who have struggled with the obscurities of Foucault's archly intense prose are vastly relieved by the easy lucidity with which he writes in his last two books. Had his final illness led to a peaceful reconciliation reflected in his writing? Or was it merely that, wanting to finish this project before he died, he didn't have time for baroque complexification? Rather, I think, Foucault had entered a world that was removed from the present he so often found 'intolerable' and that suggested modes of existence he found immensely appealing.

His topic, the ethical formation of the self, emerged, of course, from his analysis of modern power relations, which he saw penetrating even the interiority of our personal identity. No doubt the reason he so resisted any fixed identity was his realization that even what might seem to be his own autonomous choice of identity would be just an internalization of social norms. But, as Foucault traces the historical constitution of ethical identity back beyond the Christian hermeneutics of the self and its modern secular successors, dominating power comes to have little place in his story.

He still plays on the duality of the term 'subject', speaking now of the 'modes of subjectification', whereby an ethical code enters individuals' lives and constitutes their identity. And his general structure of subjectification – derived from an archaeological analysis of ancient texts – is certainly open to power relations. This structure involves, as its basis, the acts that concern sexual behaviour (what the Greeks called *ta aphrodisia* – the 'things of Aphrodite' and what Foucault labels the 'ethical substance'). It further involves the sense in which individuals are made subject to the ethical code. This, which Foucault calls the 'mode of subjection', might be a matter of anything from conforming to social conventions to carrying out a programme of self-fulfilment. Beyond the question of what it means to be subjected to the moral code is the question of the specific means by which the subjection is carried out, the 'forms of elaboration', which might, for example, include self-conscious following of practical rules or, on the contrary, a sudden, overwhelming conversion. Finally, there is the ultimate goal (*telos*) envisaged for the project of morality; for example, the attainment of self-mastery or purification for an afterlife.

Although this schema allows for the operation of power, the way Foucault applies it to ancient sexual ethics emphasizes ethical subjectification as something carried out by individuals who seem in control of their destiny. They might, to combine some of the above examples, be carrying out a project of self-fulfilment by meticulously following a set of practices ('techniques of the self') designed to produce self-mastery. Likewise, Foucault speaks, with apparent admiration, of the Greeks' 'aesthetics of existence', in which a life is created like a work of art. It also becomes apparent that Foucault's focus is much more general than sexual ethics. As he commented in an interview while working on *The Care of the Self*: 'I am much more interested in problems about techniques of the self . . . than sex – sex is boring' ('On the Genealogy of Ethics', EW I, 253).

But, we will point out, Foucault himself has already shown, especially in the *History of Sexuality I*, that there can be only an illusion of self-creation. What we may think is our freedom is, like modern sexual liberation, only an internalization of the constraints of power relations. Foucault may be attracted by the ancients' project of creating beautiful lives, but he of all people is surely aware that this very project is entwined with the power structures of Greek society. Consider, for example, the Greek practice of homosexual love between men and adolescent boys. Even though this is free of Christian strictures about intrinsically evil, unnatural acts, it is, as Foucault emphasizes in *The Use of Pleasure*, problematized for political reasons. The boy, who is sought as the passive partner of a dominating male, is nonetheless being groomed as a future leader of the *polis*. How could such a person be a sexual object on the same level as women and slaves? For all of Plato's talk of ideal beauty and the soul's self-mastery, the issue of 'Platonic love' cannot be detached from the power relations of Athenian society.

The key to this issue is the concept of *problematization*, which I have just casually introduced but which is in fact a key notion of Foucault's later thought. Problematizations formulate the fundamental issues and choices through which individuals confront their existence. The fact that my existence is problematized in a specific way is no doubt determined by the social power relations in which I am embedded. But, given this problematization, I am able to respond to the issues it raises in my own way, or, more precisely, in a way by which I will define what I, as a self, am in my historical context.

There is an implied contrast – although Foucault never makes it explicit – between problematization and marginalization. In the ancient context where he introduces the term, it is the lives of free Greek males that are problematized, not those of marginalized groups such as women and slaves. Marginalization corresponds to the strongest constraints that a society exercises on individuals. Even the marginalized are not entirely determined by a society's power structures, since they are capable of engaging (and succeeding) in revolutionary movements against what dominates them. But they can define themselves only through their struggle with power. The 'mainstream' members of a society, those who are not marginalized, are less constrained. The power network defines them in a preliminary way but allows for a significant range of further self-definition. Unlike the marginalized, they have available 'niches' within the society that provide them room for self-formation in their own terms. The 'problematization' of the free Greek male lies in this domain.

My suggestion is that, in moving to the history of the subject (and to the history of ancient sexuality), Foucault implicitly switches his primary focus from those whose lives are marginalized to those whose lives are merely problematized. In this way, without denying the pervasiveness of power, he tacitly acknowledges that it allows some people to lead lives of relative freedom and self-creation. In ancient Greece, this included at least some free males; in our world it includes, among others, those of us who have the ability and opportunity to write and read books like Foucault's.

It may seem that problematization is a third Foucaultian historical method, supplementing (or replacing) archaeology and genealogy. Strictly speaking, this is false, since problematization is not a historical method but an object studied by such methods. The turn to problematization is a switch from marginalized to problematized individuals. But Foucault's way of engaging with ancient problematizations of sexuality does involve a major change in his historical methodology. He first requires a careful exploration of the structures of ancient discourses about sexuality, for which archaeology is, of course, the primary instrument. At the same time, he has little concern with the power relations that are entwined with ancient knowledge of sexuality. *The Use of Pleasure* refers, as we have noted, to the political roots of the 'problem of the boy', and *The Care of the Self* has a brief (and, by Foucault's own admission, quite derivative) chapter on the social forces behind the transition from Greek to Roman views of sexuality. But the genealogy of power, in the sense of Foucault's earlier work, is muted in these two books.

This is because genealogy is concerned with the lines of power connected to our present system of domination. It is, as Foucault said in *Discipline and Punish*, a history of the present. But the power regimes of ancient Greece and Rome are too distant to figure in our understanding of our present power structures. When only these structures were Foucault's concern, he needed, as he originally planned, to go no further back than medieval notions of pastoral care. But once the topic became problematizations and self-creative responses to them – matters that develop in the interstices of a power regime – the ancients immediately became interesting. Not, however, because of the specific origin of their problems, which would require a genealogical study, but because of the kinds of creative responses the ancients gave to these problems.

Foucault is reluctant to give up the term 'genealogy', perhaps because it keeps him connected to Nietzsche. But he no longer presents it as an instrument of suspicion, following the pervasive tracks of modern power. Instead, it is a (generally appreciative) account of the ancient world's 'arts of existence'; that is, of 'those intentional and voluntary actions by which men not only set themselves rules of conduct, but also seek to make their life an *oeuvre* that carries certain aesthetic values and meets certain stylistic criteria' (UP, 10–11). Beyond the word, there is little that remains here except the generic idea of a causal account of the self's formation. But this account is no longer a reconstruction of complex external lines of power but of internal programmes for ethical transformation. It is, in fact, much closer to history of philosophy than genealogy in Foucault's original sense. Or, perhaps better, it is philosophy itself done in an historical mode.

We will return to Foucault's final 'philosophy' below. But first we need to look at his archaeology of ancient sexuality, to understand how the Greeks and Romans problematized sexuality and what Foucault thought we might learn from their problematization. As always for Foucault, archaeology is a comparative matter. In this case, the fundamental comparison is with the Christian view of sexuality. Here he is once again Nietzschean, although without the rhetorical violence of *The Antichrist*: the rise of Christian sexuality is the corruption of a more admirable antique view. At the same time, Foucault makes it clear that there is no question of a return to the ways of the ancients, which have their own severe limitations and, in any case, could not exist in our world. Ancient ways can serve only as heuristic guides for own projects of self-creation.

According to Foucault, there are relatively few differences between the ancients and the Christians on the level of moral codes and conduct. The ethical rules laid down and the actual patterns of behaviour these rules determine are, despite some striking exceptions such as same-sex relations, quite similar. But fundamental differences arise when we look at the formation of ethical subjects.

The root of the differences, says Foucault, is the Christian claim that *ta aphrodisia* are intrinsically evil and so primarily objects of ethical denial. For the ancients, by contrast, sex was a natural good. It became an object of ethical problematization not because it was essentially forbidden but because some aspects of it could be dangerous. This was because the goods of sex were on the inferior level of our animality and because they often involved great intensity. The danger was not, as for the Christian, that they might become an important part of our lives – this the ancients saw as inevitable and fitting – but that we might disrupt our lives through excessive indulgence.

Accordingly, for the Christian, subjection to a code of sexual ethics was a matter of absolute exclusion, in the ideal of celibacy, or, at least, for the less heroic, restriction to the strictly limited domain of monogamous marriage. For the ancients, by contrast, it was a matter of the proper use (*chresis*) of pleasures; not avoiding certain essentially evil actions but engaging in the full range of sexual activities (heterosexual, homosexual, in marriage, out of marriage) with proper moderation (given, of course, the understanding that we are speaking of free males, not women and slaves).

In order to live according to their code of sexual behaviour, the ancients tried to attain self-mastery (*enkrateia*), victory in a struggle with oneself, achieved by the training (*askesis*) provided by exercises in self-control. For Christians, the battle was with outside forces of evil – ultimately Satan – that incite desires, and victory was through a radical understanding (hermeneutics) of the self that was the basis for a renunciation of this self in favour of God: not self-mastery but self-denial. Finally, the telos of ancient ethical life was moderation (*sophrysune*), understood as a form of freedom – both negative (from one's passions) and positive (as mastery over others). For Christianity, the only humanly meaningful freedom sought was the negative freedom from desires; beyond that there was merely total surrender to the will of God.

The sharp contrast with Christianity applies most to Classical Greeks views of the 4th century BC. Later (early Empire) views of sexuality remain, according to Foucault, basically the same but with increasing emphases in the direction of Christian negativity. So, for example, although *ta aphrodisia* are still regarded as intrinsic goods, there is far more insistence on their dangers and on our frailty in face of them. Similarly, the techniques of self-mastery (*enkrateia*) remain central but are increasingly connected to self-knowledge, and into the ideal of *sophrysune* there is incorporated an element of contemplative satisfaction. Particularly through Stoic philosophy, the Roman world was planting seeds of the Christian revolution.

Foucault's account of Christian sexuality seems to ignore the central doctrine of the goodness of creation. Even Augustine, who would have to be a major source for the anti-sexual view Foucault outlines, insisted, against the Manichaeans, that there was nothing intrinsically evil in the world. Even the Fall, according to orthodox Catholic doctrine, did not radically corrupt any aspect of human nature, and all of creation, including our sexuality, is redeemed by Christ. Foucault might, of course, argue that these metaphysical and theological doctrines did not determine practical ethical teaching. But we would need to have his detailed account of medieval sexuality to know what he really thought.

I suggested earlier that at the end of his life what Foucault still called genealogy was becoming a kind of philosophy. I can best develop this thought by commenting on Foucault's final overall characterization of his work, in the Preface to *The Use of Pleasure*. He now maintains that, from the beginning, he has, on the broadest level, been developing a 'history of truth'. He conceives this history as having three main aspects: an analysis of 'games of truth' (that is, various systems of discourse developed to produce truth), both in their own right and in relation to one another; an analysis of the relation of these games of truth to power relations; and an analysis of the relation of games of truth to the self. We can readily identify the study of games of truth in their own right, as systems of discourse, with archaeology, and the analysis of their relation to power with genealogy. Here 'games of truth' refers to the various bodies of knowledge (real or would-be) that were the concern of Foucault's histories. It might seem natural to extend this sense of 'games of truth' to Foucault's connection of them with problematizations, taking as the relevant games the philosophical theories that the ancient Greeks developed as solutions to the problems of human existence.

However, although Foucault does indeed see philosophy as the Greek response to problematizations, he does not see philosophy in this sense as a matter of developing a body of theoretical knowledge. Rather, following on the work of Pierre Hadot, his colleague at the Collège de France, he sees ancient philosophy as fundamentally a way of life rather than a search for theoretical truth. 'Games of truth', in this context refers not to systems of thought but to practices of telling the truth. *The Use of Pleasure* discusses Plato's appeal to the love of truth as the purified ideal behind the homoerotic love of boys. Plato, however, has at least a strong tendency to treat philosophy as a theoretical vision rather than just a way of life, and Foucault is careful to keep his distance from this sort of Platonism.

The title of Foucault's last book, *The Care of the Self*, refers to a major theme in the practically oriented philosophical schools of later antiquity, particularly the Stoics, but the book is mostly concerned with the theme in non-philosophical contexts, such as medicine, marriage, and politics. However, Foucault treats philosophy as a way of life explicitly and in detail in lectures he gave (in 1982 and 1983) at the Collège de France and at Berkeley. In the Collège de France lectures, he discusses Socrates (in the *Apology* and in *Alcibiades I*) as both a model and an exponent of the philosophical life focused on 'care of the self' and follows the subsequent ancient discussions of this topic in, for example, Epictetus, Seneca, and Plutarch. The Berkeley lectures discuss the ancient ideal of 'truthful speaking' (*parrhesia*), regarded as a central political and moral virtue. Here Foucault discusses earlier formulations of the notion, in Euripides and Socrates, as well as its later transformations by the Epicureans, Stoics, and Cynics.

We have these lectures only through transcriptions of tapes (and listeners' notes). Their coverage is incomplete and their formulations preliminary. We have no way of knowing how Foucault would have transformed this raw material had he ever decided to publish it. But it seems at least that here, at end of his life, Foucault had finally found a way to move beyond what, varying Paul Ricoeur's famous phrase, we might call the epistemology of suspicion. All his previous work had, as he claims, been about truth, but, in contrast to the traditional philosopher's unconditional love of truth, Foucault put truth to the test. His archaeologies show how it is often relative to the contingent historical frameworks it is supposed to transcend, his genealogies how it is entwined with the power and domination from which it is supposed to free us. Now he finds a way to embrace truth, not as a body of theoretical

14. Foucault in a cowboy hat that his students at Berkeley gave him, October 1983

knowledge, but as a way of living: not an epistemology, but an ethics, of truth.

But what does Foucault mean by 'living the truth'? Not, of course, modelling ourselves on a pre-set ideal pattern, determined by, say, God's will or human nature. His study of the ancients, as we have seen, suggested two alternatives: truth as the product of individual self-creation on analogy with art; and truth-telling as a social virtue. Here, at the very end, we find again what may well be the defining dichotomy of Foucault's life and work: the aesthetic or the political?

References and further reading

Introductions

For an introductory overview, see my articles on Foucault in Edward Craig (ed.), *Routledge Encyclopedia of Philosophy* (New York: Routledge, 1998) and Edward Zalta (ed.), *Stanford Encyclopedia of Philosophy* (web-based: *http://plato.stanford.edu/*).

Helpful collections of articles on Foucault include David Hoy (ed.), *Foucault: A Critical Reader* (Oxford: Blackwell, 1986) and Gary Gutting (ed.), *The Cambridge Companion to Foucault*, 2nd edn. (Cambridge: Cambridge University Press, 2005). For some mostly French perspectives on Foucault, see Arnold Davidson (ed.), *Foucault and his Interlocutors* (Chicago: University of Chicago Press, 1997).

General references

Hubert Dreyfus and Paul Rabinow, *Michel Foucault: Beyond Structuralism and Hermeneutics*, 2nd edn. (Chicago: University of Chicago Press, 1983).

Gary Gutting, *Michel Foucault's Archaeology of Scientific Reason* (Cambridge: Cambridge University Press, 1989).

Todd May, *Between Genealogy and Epistemology: Psychology, Politics, and Knowledge in the Thought of Michel Foucault* (University Park: Pennsylvania State University Press, 1993).

Lois McNay, *Foucault: A Critical Introduction* (New York: Continuum, 1994).

John Rajchman, *Michel Foucault: The Freedom of Philosophy* (New York: Columbia University Press, 1985).

Chapter 1

There are three full-length biographies of Foucault: Didier Eribon, *Michel Foucault*, tr. Betsy Wing (Cambridge, MA: Harvard University Press, 1991); James Miller, *The Passions of Michel Foucault* (New York: Simon and Schuster, 1993); and David Macey, *The Lives of Michel Foucault* (New York: Pantheon, 1993).

The two striking titles mentioned (and well worth reading beyond the titles) are Patricia Duncker, *Hallucinating Foucault* (Hopewell, NJ: Ecco Press, 1996; reissued, New York: Vintage, 1998) and Maurice Blanchot, 'Foucault as I Imagine Him', translated with Foucault's essay on Blanchot, 'The Thought from Outside', in *Foucault as I Imagine Him and the Thought from Outside*, tr. Jeffrey Mehlman and Brian Massumi (New York and London: MIT Press, 1987).

For a good introduction to Raymond Roussel's life and work, see Mark Ford, *Raymond Roussel and the Republic of Dreams* (Ithaca, New York: Cornell University Press, 2000). Among translations of Raymond Roussel into English, see Trevor Winkfield (ed.), '*How I Wrote Certain of My Books' and Other Writings*, introduction by John Ashbery (Boston: Exact Change, 1995) and *Locus Solus*, tr. Rupert Copeland Cunningham (Berkeley, CA: University of California Press, 1970).

Foucault nicely expresses the idea of his work as a toolbox in the following comments in a 1974 interview about his expectations for *Discipline and Punish*:

> I want my books to be a sort of toolbox that people can rummage through to find a tool they can use however they want in their own domain ... I want the little book that I plan to write on disciplinary systems to be of use for teachers, wardens, magistrates, conscientious

objectors. I don't write for an audience, I write for users, not readers.

('Prisons et asiles dans le mécanisme du pouvoir', DE II, 523–4, my translation)

'Truth, Power, Self', an interview with Foucault, appears in L. H. Martin *et al.* (eds), *Technologies of the Self: A Seminar with Michel Foucault* (Amherst, MA: University of Massachusetts Press, 1988).

Chapter 2

The title quote is cited in Eribon's biography, p. 58.

Bataille's best-known novel (and a focus of Foucault's 'Preface to Transgression') is *The Story of the Eye*, tr. Joachim Neugroschel (San Francisco: City Lights, 1987). For a selection of Bataille's other writings (essays and fiction), see Fred Botting and Scott Wilson (eds), *The Bataille Reader* (Oxford: Blackwell, 1997). Also see Michel Surya, *Georges Bataille: An Intellectual Biography*, tr. Krzysztof Kijalkowski and Michael Richardson (London: Verso, 2002).

For a selection of Blanchot's writings, see Michael Holland (ed.), *The Blanchot Reader* (Oxford: Blackwell, 1995). For a perceptive discussion of Blanchot, see Gerald Bruns, *Maurice Blanchot: The Refusal of Philosophy* (Baltimore and London: Johns Hopkins University Press, 1997).

Georges Perec's famous e-less novel, *La disparition* (1969), has appeared in English as *A Void*, tr. Gilbert Adair (London: The Harvill Press, 1994). For more on the Oulipo movement, see Warren Motte (ed.), *Oulipo: A Primer of Potential Literature* (Normal, IL: Dalkey Archive Press, 1998).

Samuel Beckett's *The Unnamable* is part of a trilogy of novels available in his own translation from the original French as *Three Novels by Samuel Beckett: Malloy, Malone Dies, and the Unnamable* (New York: Grove Press, 1995).

For a good general discussion of Foucault's relation to literary modernism, see Gerald Bruns, 'Foucault's Modernism', in Gary Gutting (ed.), *The Cambridge Companion to Foucault*, 2nd edn. (Cambridge: Cambridge University Press, 2005).

Chapter 3

The title quote is from an interview with Foucault, 'On the Genealogy of Ethics', EW I, 256.

The references for the passages from Sartre are: *Critique of Dialectical Reason*, Volume I, tr. Alan Sheridan (London: New Left Books, 1976); and two collections of essays, *Between Existentialism and Marxism*, tr. John Mathews (New York: Pantheon, 1983) and *Situations*, tr. Benita Eisler (New York: Braziller, 1965). The *Critique* is Sartre's massive and obscure effort to synthesize existentialism and Marxism; the two collections are more accessible, and could serve as a good introduction to Sartre's thought. On Sartre and Foucault, see Thomas Flynn, *Sartre, Foucault and Historical Reason*, two volumes (Chicago: University of Chicago, 1997, 2005).

Foucault's introduction to Binswanger's essay is available in English (along with that essay) as *Dream and Existence*, tr. Jacob Needleman (New York: Humanities Press, 1986).

Foucault's first book, *Maladie mentale et personnalité* (Paris: Presses Universitaires de France, 1954), was later revised (eliminating the Marxism) and published as *Maladie mentale et psychologie*, translated by Alan Sheridan as *Mental Illness and Psychology* (Berkeley: University of California Press, 1987).

The Marxist book on punishment that Foucault mentions in *Discipline and Punish* is Georg Rusche and Otto Kirchheimer, *Punishment and Social Structure* (New York: Columbia University Press, 1939).

For Richard Rorty on Foucault, see 'Foucault and Epistemology' in David Hoy (ed.), *Foucault: A Critical Reader* (Oxford: Blackwell, 1986);

and 'Foucault/Dewey/Nietzsche' in Richard Rorty, *Essays on Heidegger and Others* (Cambridge: Cambridge University Press, 1991).

Chapter 4

The title quote is a remark made by Foucault at the University of Vermont, 27 October 1982. It is cited by Allan Megill, 'The Reception of Foucault by Historians', *Journal of the History of Ideas*, 48 (1987), 117.

On the *Annales* school of historiography, see Peter Burke, *The French Historical Revolution: The Annales School, 1929–89* (Palo Alto: Stanford University Press, 1991) and François Dosse, *New History in France: The Triumph of the Annales*, tr. Peter V. Conroy, Jr (Urbana: University of Illinois Press, 1994).

Andrew Scull's critical comments about *The History of Madness* occur in his article 'Michel Foucault's History of Madness', *History of the Human Sciences*, 3 (1990), 57.

For Roy Porter's critique of Foucault's work on madness, see 'Foucault's Great Confinement', *History of the Human Sciences*, 3 (1990), 47–54. For a discussion of historians' critiques of Foucault on madness, see Gary Gutting, 'Foucault and the History of Madness', in Gary Gutting (ed.), *The Cambridge Companion to Foucault*, 2nd edn. (Cambridge: Cambridge University Press, 2005). For a good collection of essays on Foucault as a historian, see Jan Goldstein (ed.), *Foucault and the Writing of History* (Cambridge: Blackwell, 1994). Foucault's friend and colleague, the Roman historian Paul Veyne, offers a strong appreciation of Foucault's historical work in 'Foucault Revolutionizes History', in Arnold Davidson (ed.), *Foucault and his Interlocutors* (Chicago: University of Chicago Press, 1997).

Chapter 5

The title quote comes from an interview with Foucault, 'The Return of Morality', in PPC, 251.

Nietzsche's *Genealogy of Morality* is available in an excellent English translation with good explanatory notes by Maudemarie Clark and Alan Swensen (Indianapolis: Hackett Publishing, 1998). For a good commentary on the *Genealogy*, see Brian Leiter, *Nietzsche on Morality* (New York: Routledge, 2002). See also Walter Kaufmann's translations in *The Basic Writings of Nietzsche* (New York: Modern Library, 1992), and Kaufmann's *Nietzsche: Philosopher, Psychologist, Antichrist*, 4th edn. (Princeton: Princeton University Press, 1975).

'Critical Theory/Intellectual History' is an interview with Foucault, available in PPC.

Chapter 6

The title quotations are from 'Philosophie et psychologie', DE I, 438 and UP, 9.

For an interesting but controversial interpretation of Foucault as a critical philosopher in the Kantian tradition, see Béatrice Han, *Foucault's Critical Project: Between the Transcendental and the Historical* (California: Stanford University Press, 2003).

On Foucault and phenomenology, see Todd May, 'Foucault's Relation to Phenomenology', in Gary Gutting (ed.), *The Cambridge Companion to Foucault*, 2nd edn. (Cambridge: Cambridge University Press, 2005).

For more on Foucault's relation to Bachelard and Cangulihem, see Gary Gutting, *Michel Foucault's Archaeology of Scientific Reason* (Cambridge: Cambridge University Press, 1989), chapter 1.

On Foucault and Heidegger, see Hubert Dreyfus, 'Being and Power: Heidegger and Foucault', *International Journal of Philosophical Studies*, 4 (1996), 1–16.

On Sartre versus Heidegger on humanism, see J-P. Sartre, 'Existentialism is a Humanism', in Walter Kaufmann (ed.), *Existentialism from Dostoyevski to Sartre* (New York: Meridian, 1984) and Martin Heidegger, 'Letter on Humanism', in *Basic Writings* (New York: Harper and Row, 1977).

Chapter 7

The title quote is from 'Truth, Power, Self', in L. H. Martin *et al.* (eds), *Technologies of the Self: A Seminar with Michel Foucault* (Amherst, MA: University of Massachusetts Press, 1988), 10.

On historians' reactions to Foucault's work on madness, see the references to Chapter 4 above.

Derrida criticizes Foucault's treatment of Descartes on madness in 'Cogito and the History of Madness', *Writing and Difference*, tr. Alan Bass (Chicago: University of Chicago Press, 1978). Foucault responds in 'My Body, This Paper, This Fire', tr. G. P. Bennington, *Oxford Literary Review*, 4 (1979), 5–28.

For general background on the Enlightenment, see Peter Gay, *The Enlightenment: The Rise of Modern Paganism*, new edn. (New York: Norton, 1995). For Horkheimer and Adorno's critique of the Enlightenment, see their *Dialectic of Enlightenment*, tr. John Cummings (New York: Continuum, 1976).

Regarding Foucault and Canguilhem on experience, see Gary Gutting, 'Foucault's Philosophy of Experience', *Boundary 2*, 29 (2002), 69–86.

Chapter 8

For a good general discussion of Foucault on power and knowledge, see Joseph Rouse, 'Power/Knowledge', in Gary Gutting (ed.), *The Cambridge Companion to Foucault*, 2nd edn. (Cambridge: Cambridge University Press, 2005).

For an excellent analysis and critique of Foucault as a theoretician (rather than an historian) of power, see Axel Honneth, *The Critique of Power: Reflective Stages in Critical Social Theory* (Boston: MIT Press, 1991).

Chapter 9

The title quote is from HS, 159.

On Foucault and gay issues, see David Halperin, *Saint Foucault: Towards a Gay Hagiography* (New York: Oxford University Press, 1995).

On governmentality, see the collection of essays by Foucault, François Ewald, Daniel Defert, and others in Graham Burchell *et al.* (eds), *The Foucault Effect* (Chicago: University of Chicago Press, 1991).

On Herculine Barbin, see Michel Foucault (ed.), *Herculine Barbin: Being the Recently Discovered Memoirs of a Nineteenth-century Hermaphrodite*, tr. R. McDougall (New York: Pantheon, 1975).

An idea of the sort of material that would have gone into the subsequent volumes of the *History of Sexuality* can be garnered from some of Foucault's Collège de France lectures. See, in particular, V. Marchetti and A. Salomoni (eds), *Abnormal (1974–5)*, tr. Graham Burchell (New York: Picador, 2003) and M. Bertani and A. Fontana (eds), *'Society Must Be Defended' (1975–6)*, tr. David Macey (New York: Picador, 2003).

For some interesting work on the history of sexuality in a Foucaultian manner, see Arnold Davidson, *The Emergence of Sexuality: Historical Epistemology and the Formation of Concepts* (Cambridge, MA: Harvard University Press, 2001).

Chapter 10

For Pierre Hadot on (especially ancient) philosophy, see his *What Is Ancient Philosophy?*, tr. Michael Chase (Cambridge, MA: Harvard University Press, 2002) and *Philosophy as a Way of Life: Spiritual Exercises from Socrates to Foucault*, ed. Arnold Davidson, tr. Michael Chase (Oxford: Blackwell, 1995).

For reactions of classicists to Foucault's work on ancient sexuality, see David H. J. Larmour *et al.* (eds), *Rethinking Sexuality:*

Foucault and Classical Antiquity (Princeton: Princeton University Press, 1997).

For Foucault's late lectures on ancient sexuality, see Joseph Pearson (ed.), *Fearless Speech* (New York: Semiotext(e), 2001), transcriptions in English of Foucault's lectures at Berkeley in autumn 1983; and Fréderic Gros (ed.), *The Hermeneutics of the Subject*, tr. Graham Burchell (New York: Palgrave Macmillan, 2005), Foucault's Collège de France lectures, 1981–2.

“牛津通识读本”已出书目

古典哲学的趣味
人生的意义
文学理论入门
大众经济学
历史之源
设计，无处不在
生活中的心理学
政治的历史与边界
哲学的思与惑
资本主义
美国总统制
海德格尔
我们时代的伦理学
卡夫卡是谁
考古学的过去与未来
天文学简史
社会学的意识
康德
尼采
亚里士多德的世界
西方艺术新论
全球化面面观
简明逻辑学
法哲学：价值与事实
政治哲学与幸福根基
选择理论
后殖民主义与世界格局
福柯
缤纷的语言学
达达和超现实主义
佛学概论
维特根斯坦与哲学
科学哲学
印度哲学祛魅
克尔凯郭尔
科学革命
广告
数学
叔本华
笛卡尔
基督教神学
犹太人与犹太教
现代日本
罗兰·巴特
马基雅维里
全球经济史
进化
性存在
量子理论
牛顿新传
国际移民
哈贝马斯
医学伦理
黑格尔
地球
记忆
法律
中国文学
托克维尔
休谟
分子
法国大革命
丝绸之路
民族主义
科幻作品
罗素
美国政党与选举
美国最高法院
纪录片
大萧条与罗斯福新政
领导力
无神论
罗马共和国
美国国会
民主
英格兰文学
现代主义
网络
自闭症
德里达
浪漫主义

批判理论	德国文学	儿童心理学
电影	戏剧	时装
俄罗斯文学	腐败	现代拉丁美洲文学
古典文学	医事法	卢梭
大数据	癌症	隐私
洛克	植物	电影音乐
幸福	法语文学	抑郁症